ANGELO,

DRAME EN TROIS JOURNÉES,

PAR M. VICTOR HUGO,

Représenté pour la première fois, à Paris, sur le Théâtre-Français, le 28 avril 1835.

PERSONNAGES.

ANGELO MALIPIERI, Podesta.
CATARINA BRAGADINI.
LA TISBE.
RODOLFO.
HOMODEI.
ANAFESTO GALEOFA.
REGINELLA.

DAFNE.
Un Page noir.
Un Guetteur de nuit.
Un Huissier.
Le Doyen de Saint-Antoine de Padoue.
L'Archiprêtre.

Padoue. — 1549.
Francisco Donato étant doge.

PREMIÈRE JOURNÉE.

Un jardin illuminé pour une fête de nuit. A droite, un palais plein de musique et de lumière, avec une porte sur le jardin et une galerie en arcade au rez-de-chaussée, où l'on voit circuler les gens de la fête. Vers la porte, un banc de pierre. A gauche, un autre banc sur lequel on distingue dans l'ombre un homme endormi. Au fond, au-dessus des arbres, la silhouette noire de Padoue au seizième siècle, sur un ciel clair. Vers la fin de l'acte, le jour paraît.

SCÈNE I.

LA TISBE, *riche costume de fête.* ANGELO MALIPIERI, *la veste ducale, l'étole d'or.* HOMODEI, *endormi; longue robe de laine brune fermée par-devant, haut-de-chausses rouge; une guitare à côté de lui.*

LA TISBE.

Oui, vous êtes le maître ici, monseigneur; vous êtes le magnifique podesta; vous avez droit de vie et de mort, toute puissance, toute liberté. Vous êtes envoyé de Venise, et partout où l'on vous voit il semble qu'on voit la face et la majesté de cette république. Quand vous passez dans une rue, monseigneur, les fenêtres se ferment, les passants s'esquivent, et tout le dedans des maisons tremble. Hélas! ces pauvres padouans n'ont guère l'attitude plus fière et plus rassurée devant vous que s'ils étaient les gens de Constantinople, et vous le turc. Oui, cela est ainsi. Ah! j'ai été à Brescia. C'est autre chose. Venise n'oserait pas traiter Brescia comme elle traite Padoue; Brescia se défendrait. Quand le bras de Venise frappe, Brescia mord, Padoue lèche. C'est une honte. Eh bien, quoique vous soyez ici le maître de tout le monde, et que vous prétendiez être le mien, écoutez-moi, monseigneur, je vais vous dire la vérité, moi. Pas sur les affaires d'état, n'ayez pas peur, mais sur les vôtres. Eh bien, oui! je vous le dis, vous êtes un homme étrange; je ne comprends rien à vous; vous êtes amoureux de moi et vous êtes jaloux de votre femme!

ANGELO.

Je suis jaloux aussi de vous, madame.

LA TISBE.

Ah, mon Dieu! vous n'avez pas besoin de me le dire! Et pourtant vous n'en avez pas le droit, car je ne vous appartiens pas. Je passe ici pour votre maîtresse, pour votre toute-puissante maîtresse, mais je ne le suis point, vous le savez bien.

ANGELO.

Cette fête est magnifique, madame.

1

LA TISBE.

Ah! je ne suis qu'une pauvre comédienne de théâtre; on me permet de donner des fêtes aux sénateurs, je tâche d'amuser notre maître, mais cela ne me réussit guère aujourd'hui. Votre visage est plus sombre que mon masque n'est noir. J'ai beau prodiguer les lampes et les flambeaux, l'ombre reste sur votre front. Ce que je vous donne en musique, vous ne me le rendez pas en gaieté, monseigneur. — Allons, riez donc un peu.

ANGELO.

Oui, je ris. — Ne m'avez-vous pas dit que c'était votre frère, ce jeune homme qui est arrivé avec vous à Padoue?

LA TISBE.

Oui. Après?

ANGELO.

Vous lui avez parlé tout à l'heure. Quel est donc cet autre avec qui il était?

LA TISBE.

C'est son ami. Un vicentin nommé Anafesto Galeofa.

ANGELO.

Et comment s'appelle-t-il, votre frère?

LA TISBE.

Rodolfo, monseigneur, Rodolfo. Je vous ai déjà expliqué tout cela vingt fois. Est-ce que vous n'avez rien de plus gracieux à me dire?

ANGELO.

Pardon, Tisbe, je ne vous ferai plus de questions. Savez-vous que vous avez joué hier la Rosmonda d'une grâce merveilleuse, que cette ville est bien heureuse de vous avoir, et que toute l'Italie qui vous admire, Tisbe, envie ces padouans que vous plaignez tant. Ah! toute cette foule qui vous applaudit m'importune. Je meurs de jalousie quand je vous vois si belle pour tant de regards. Ah, Tisbe! — Qu'est-ce donc que cet homme masqué à qui vous avez parlé ce soir entre deux portes?

LA TISBE.

Pardon, Tisbe, je ne vous ferai plus de questions. — C'est fort bien. Cet homme, monseigneur, c'est Virgilio Tasca.

ANGELO.

Mon lieutenant?

LA TISBE.

Votre sbire.

ANGELO.

Et que lui vouliez-vous?

LA TISBE.

Vous seriez bien attrapé, s'il ne me plaisait pas de vous le dire.

ANGELO.

Tisbe!...

LA TISBE.

Non, tenez, je suis bonne, voilà l'histoire. Vous savez qui je suis? rien, une fille du peuple, une comédienne, une chose que vous caressez aujourd'hui et que vous briserez demain. Toujours en jouant. Eh bien! si peu que je sois, j'ai eu une mère. Savez-vous ce que c'est que d'avoir une mère? en avez-vous eu une, vous? savez-vous ce que c'est que d'être enfant, pauvre enfant, faible, nu, misérable, affamé, seul au monde, et de sentir que vous avez auprès de vous, autour de vous, au-dessus de vous, marchant quand vous marchez, s'arrêtant quand vous vous arrêtez, souriant quand vous pleurez, une femme... —non, on ne sait pas encore que c'est une femme, — un ange qui est là, qui vous regarde, qui vous apprend à parler, qui vous apprend à rire, qui vous apprend à aimer! qui réchauffe vos doigts dans ses mains, votre corps dans ses genoux, votre âme dans son cœur! qui vous donne son lait quand vous êtes petit, son pain quand vous êtes grand, sa vie toujours! à qui vous dites : ma mère! et qui vous dit : mon enfant! d'une manière si douce que ces deux mots-là réjouissent Dieu! — Eh bien! j'avais une mère comme cela, moi. C'était une pauvre femme sans mari qui chantait des chansons morlaques dans les places publiques de Brescia. J'allais avec elle. On nous jetait quelque monnaie. C'est ainsi que j'ai commencé. Ma mère se tenait d'habitude au pied de la statue de Gatta-Melata. Un jour, il paraît que dans la chanson qu'elle chantait sans y rien comprendre, il y avait quelque rime offensante pour la seigneurie de Venise, ce qui faisait rire autour de nous les gens d'un ambassadeur. Un sénateur passa. Il regarda, il entendit, et dit au capitaine-grand qui le suivait : A la potence cette femme! Dans l'état de Venise, c'est bientôt fait. Ma mère fut saisie sur-le-champ. Elle ne dit rien : à quoi bon? m'embrassa avec une grosse larme qui tomba sur mon front, prit son crucifix et se laissa garrotter. Je le vois encore, ce crucifix. En cuivre poli. Mon nom, Tisbe, est grossièrement écrit au bas avec la pointe d'un stylet. Moi, j'avais seize ans alors, je regardais ces gens lier ma mère, sans pouvoir parler, ni crier, ni pleurer, immobile, glacée, morte, comme dans un rêve. La foule se taisait aussi. Mais il y avait avec le sénateur une jeune fille qu'il tenait par la main, sa fille sans doute, qui s'émut de pitié tout à coup. Une belle jeune fille, monseigneur. La pauvre enfant! elle se jeta aux pieds du sénateur, elle pleura tant, et des larmes si suppliantes et avec de si beaux yeux, qu'elle obtint la grâce de ma mère. Oui, monseigneur. Quand ma mère fut déliée, elle prit son crucifix, — ma mère, — et le donna à la belle enfant, en lui disant : Madame, gardez ce crucifix, il vous portera bonheur. Depuis ce temps, ma mère est morte, sainte femme; moi, je suis devenue riche, et je voudrais revoir cette enfant, cet ange, qui a sauvé ma mère. Qui sait? elle est femme maintenant, et par conséquent malheureuse. Elle a peut-être besoin de moi à son tour. Dans toutes les villes où je vais, je fais venir le sbire, le barigel, l'homme de police, je lui conte l'aventure, et à celui qui trouvera la femme que je cherche je donnerai dix mille sequins d'or. Voilà pourquoi j'ai parlé tout à l'heure entre deux portes à votre barigel Virgilio Tasca. Êtes-vous content?

ANGELO.

Dix mille sequins d'or! mais que donnerez-vous à la femme elle-même, quand vous la retrouverez?

LA TISBE.

Ma vie! si elle veut.

ANGELO.

Mais à quoi la reconnaîtrez-vous?

LA TISBE.

Au crucifix de ma mère.

ANGELO.

Bah! elle l'aura perdu.

LA TISBE.

Oh, non! on ne perd pas ce qu'on a gagné ainsi.

ANGELO, *apercevant Homodei.*

Madame! madame! il y a un homme là! savez-vous qu'il y a un homme là? qu'est-ce que c'est que cet homme?

LA TISBE, *éclatant de rire.*

Hé, mon Dieu! oui, je sais qu'il y a un homme là, et qui dort, encore! et d'un bon sommeil! N'allez-vous pas vous effaroucher aussi de celui-là? c'est mon pauvre Homodei.

ANGELO.

Homodei! qu'est-ce que c'est que cela, Homodei?

LA TISBE.

Cela, Homodei, c'est un homme, monseigneur, comme ceci, la Tisbe, c'est une femme. Homodei, monseigneur, c'est un joueur de guitare que monsieur le primicier de Saint-Marc, qui est fort de mes amis, m'a adressé dernièrement avec une lettre que je vous montrerai, vilain jaloux! et même à la lettre était joint un présent.

ANGELO.

Comment!

LA TISBE.

Oh! un vrai présent vénitien. Une boîte qui contient simplement deux flacons : un blanc, l'autre noir. Dans le blanc, il y a un narcotique très-puissant qui endort pour douze heures d'un sommeil pareil à la mort; dans le noir, il y a du poison, de ce terrible poison que Malaspina fit prendre au pape dans une pilule d'aloès, vous savez? Monsieur le primicier m'écrit que cela peut servir dans l'occasion. Une galanterie, comme vous voyez. Du reste, le révérend primicier me prévient que le pauvre homme, porteur de la lettre et du présent, est idiot. Il est ici, et vous auriez dû le voir, depuis quinze jours, mangeant à l'office, couchant dans le premier coin venu, à sa mode, jouant et chantant en attendant qu'il s'en aille à Vicence. Il vient de Venise. Hélas! ma mère a erré ainsi. Je le garderai tant qu'il voudra. Il a quelque temps égayé la compagnie ce soir. Notre fête ne l'amuse pas, il dort. C'est aussi simple que cela.

ANGELO.

Vous me répondez de cet homme?

LA TISBE.

Allons, vous voulez rire! La belle occasion pour prendre cet air effaré! un joueur de guitare, un idiot, un homme qui dort! Ah çà, monsieur le podesta, mais qu'est-ce que vous avez donc? Vous passez votre vie à faire des questions sur celui-ci, sur celui-là. Vous prenez ombrage de tout. Est-ce jalousie, ou est-ce peur?

ANGELO.

L'une et l'autre.

LA TISBE.

Jalousie, je le comprends. Vous vous croyez obligé de surveiller deux femmes. Mais peur! vous le maître, vous qui faites peur à tout le monde, au contraire!

ANGELO.

Première raison pour trembler.

Se rapprochant d'elle et parlant bas.

— Écoutez, Tisbe. Oui, vous l'avez dit, oui, je puis tout ici; je suis seigneur, despote et souverain de cette ville; je suis le podesta que Venise met sur Padoue, la griffe du tigre sur la brebis. Oui, tout-puissant; mais tout absolu que je suis, au-dessus de moi, voyez-vous, Tisbe, il y a une chose grande et terrible et pleine de ténèbres; il y a Venise. Et savez-vous ce que c'est que Venise, pauvre Tisbe? Venise, je vais vous le dire, c'est l'inquisition d'état, c'est le conseil des Dix. Oh! le conseil des Dix! parlons-en bas, Tisbe, car il est peut-être là quelque part qui nous écoute. Des hommes que pas un de nous ne connaît, et qui nous connaissent tous. Des hommes qui ne sont visibles dans aucune cérémonie, et qui sont visibles dans tous les échafauds. Des hommes qui ont dans leurs mains toutes les têtes, la vôtre, la mienne, celle du doge, et qui n'ont ni simarre, ni étole, ni couronne, rien qui les désigne aux yeux, rien qui puisse vous faire dire : Celui-ci en est! un signe mystérieux sous leurs robes, tout au plus; des agents partout, des sbires partout, des bourreaux partout. Des hommes qui ne montrent jamais au peuple de Venise d'autres visages que ces mornes bouches de bronze toujours ouvertes sous les porches de Saint-Marc, bouches fatales que la foule croit muettes et qui parlent cependant d'une façon bien haute et bien terrible, car elles disent à tout-passant : Dénoncez! — Une fois dénoncé, on est pris. Une fois pris, tout est dit. A Venise, tout se fait secrètement, mystérieusement, sûrement. Condamné, exécuté : rien à voir, rien à dire; pas un cri possible, pas un regard utile; le patient a un bâillon, le bourreau un masque. Que vous parlais-je d'échafauds tout à l'heure? je me trompais. A Venise, on ne meurt pas sur l'échafaud, on disparaît. Il manque tout à coup un homme dans une famille. Qu'est-il devenu? les plombs, les puits, le canal Orfano le savent. Quelquefois on entend quelque chose tomber dans l'eau la nuit. Passez vite alors! Du reste, bals, festins, flambeaux, musique, gondoles, théâtres, carnaval de cinq mois : voilà Venise. Vous, Tisbe, ma belle comédienne, vous ne connaissez que ce côté-là; moi, sénateur, je connais l'autre. Voyez-vous, dans tout palais, dans celui du doge, dans le mien, à l'insu de celui qui l'habite, il y a un couloir secret, perpétuel traîtresse de toutes les salles, de toutes les chambres, de toutes les alcôves; un corridor ténébreux dont d'autres que vous connaissent les portes et qu'on sent serpenter autour de soi sans savoir au juste où il est; une sape mystérieuse où vont et viennent sans cesse des hommes inconnus qui font quelque chose. Et les vengeances personnelles qui se mêlent à tout cela et qui cheminent dans cette ombre! Souvent la nuit je me dresse sur mon séant, j'écoute, et j'entends des pas dans mon mur. Voilà sous quelle pression je vis, Tisbe. Je suis sur Padoue; mais ceci est sur moi. J'ai mission de dompter Padoue. Il m'est ordonné d'être terrible. Je ne suis despote qu'à condition d'être tyran. Ne me demandez jamais la grâce de qui que ce soit, à moi qui ne sais rien vous refuser, vous me perdriez. Tout m'est permis pour punir, rien pour pardonner. Oui, c'est ainsi. Tyran de Padoue, esclave de Venise. Je suis bien surveillé, allez. Oh! le conseil des Dix! Mettez un ouvrier seul dans une cave et faites-lui faire une serrure, avant que la serrure soit finie, le conseil des Dix en a la clef dans sa poche. Madame! madame! le valet qui me sert m'espionne, l'ami qui me salue m'espionne, le prêtre qui me confesse m'espionne, la femme qui me dit : Je t'aime, — oui, Tisbe, — m'espionne!

LA TISBE.

Ah! monsieur!

ANGELO.

Vous ne m'avez jamais dit que vous m'aimiez. Je ne parle pas de vous, Tisbe. Oui, je vous le répète, tout ce qui me regarde est un œil du conseil des Dix, tout ce qui m'écoute est une oreille du conseil des Dix, tout ce qui me touche est une main du conseil des Dix. Main redoutable qui tâte long-temps d'abord et qui saisit ensuite brusquement! Oh! magnifique podesta que je suis, je ne suis pas sûr de ne pas voir demain apparaître subitement dans ma chambre un misérable sbire qui me dira de le suivre, et qui ne sera qu'un misérable sbire, et que je suivrai! où? dans quelque lieu profond d'où il ressortira sans moi. Madame, être de Venise, c'est pendre à un fil. C'est sombre et sévère condition que la mienne, madame, d'être là, penché sur cette fournaise ardente que vous nommez Padoue, le visage toujours couvert d'un masque, faisant ma besogne de tyran, entouré de chances, de précautions, de terreurs, redoutant sans cesse quelque explosion, et tremblant à chaque instant d'être tué roide par mon œuvre comme l'alchimiste par son poison! — Plaignez-moi, et ne me demandez pas pourquoi je tremble, madame!

LA TISBE.

Ah Dieu! affreuse position que la vôtre, en effet!

ANGELO.

Oui, je suis l'outil avec lequel un peuple torture un autre peuple. Ces outils s'usent vite et se cassent souvent, Tisbe. Ah! je suis malheureux. Il n'y a pour moi qu'une chose douce au monde, c'est vous. Pourtant je sens bien que vous ne m'aimez pas. Vous n'en aimez pas un autre, au moins?

LA TISBE.

Non, non, calmez-vous.

ANGELO.

Vous me dites mal ce non-là.

LA TISBE.

Ma foi! je vous le dis comme je peux.

ANGELO.

Ah! ne soyez pas à moi, j'y consens; mais ne soyez pas à un autre, Tisbe! Que je n'apprenne jamais qu'un autre...

LA TISBE.

Si vous croyez que vous êtes beau quand vous me regardez comme cela!

ANGELO.

Ah! Tisbe, quand m'aimerez-vous?

LA TISBE.

Quand tout le monde ici vous aimera.

ANGELO.

Hélas! — C'est égal, restez à Padoue. Je ne veux pas que vous quittiez Padoue, entendez-vous? si vous vous en alliez, ma vie s'en irait. — Mon Dieu! voici qu'on vient à nous. Il y a long-temps déjà qu'on peut nous voir parler ensemble; cela pourrait donner des soupçons à Venise. Je vous laisse.

S'arrêtant et montrant Homodei.

— Vous me répondez de cet homme?

LA TISBE.

Comme d'un enfant qui dormirait là.

ANGELO.

C'est votre frère qui vient. Je vous laisse avec lui.

Il sort.

SCÈNE II.

LA TISBE; RODOLFO, *vêtu de noir, sévère, une plume noire au chapeau;* HOMODEI, *toujours endormi.*

LA TISBE.

Ah! c'est Rodolfo! Ah! c'est Rodolfo! Viens, je t'aime, toi!

Se retournant vers le côté par où Angelo est sorti.

— Non, tyran imbécile! ce n'est pas mon frère, c'est mon amant! — Viens, Rodolfo! mon brave soldat, mon noble proscrit, mon généreux homme! regarde-moi bien en face. Tu es beau, je t'aime!

RODOLFO.

Tisbe...

LA TISBE.

Pourquoi as-tu voulu venir à Padoue? tu vois bien, nous voilà pris au piège. Nous ne pouvons plus en sortir maintenant. Dans ta position, partout tu es obligé de te faire passer pour mon frère. Ce podesta s'est épris de ta pauvre Tisbe; il nous tient; il ne veut pas nous lâcher. Et puis je tremble sans cesse qu'il ne découvre qui tu es. Ah! quel supplice! Oh! n'importe, il n'aura rien de moi, ce tyran! Tu en es bien sûr, n'est-ce pas, Rodolfo? Je veux pourtant que tu t'inquiètes de cela; je veux que tu sois jaloux de moi, d'abord.

LA TISBE.

RODOLFO.

Vous êtes une noble et charmante femme.

LA TISBE.

Oh! c'est que je suis jalouse de toi, moi, vois-tu? mais jalouse! Cet Angelo Malipieri, ce vénitien, qui me parlait de jalousie aussi, lui, qui s'imagine être jaloux, cet homme! et qui mêle toutes sortes d'autres choses à cela. Ah! quand on est jaloux, monseigneur, on ne voit pas Venise, on ne voit pas le conseil des Dix, on ne voit pas les sbires, les espions, le canal Orfano; on n'a qu'une chose devant les yeux, sa jalousie. Moi, Rodolfo, je ne puis te voir parler à d'autres femmes; leur parler seulement; cela me fait mal. Quel droit ont-elles à des paroles de toi? Oh! une rivale! ne me donne jamais une rivale! je la tuerais. Tiens, je t'aime! tu es le seul homme que j'aie jamais aimé. Ma vie a été triste long-temps; elle rayonne maintenant. Tu es ma lumière. Ton amour, c'est un soleil qui s'est levé sur moi. Les autres hommes m'avaient glacée. Que ne t'ai-je connu il y a dix ans? il me semble que toutes les parties de mon cœur qui sont mortes de froid vivraient encore. Quelle joie de pouvoir être seuls un instant et parler! Quelle folie d'être venus à Padoue! nous vivons dans une telle contrainte! Mon Rodolfo! oui, pardieu! c'est mon amant! ah bien oui! mon frère! Tiens, je suis folle de joie quand je te parle à mon aise; tu vois bien que je suis folle? M'aimes-tu?

RODOLFO.

Qui ne vous aimerait pas, Tisbe?

LA TISBE.

Si vous me dites encore vous, je me fâcherai. O mon Dieu! il faut pourtant que j'aille me montrer un peu à mes conviés. Dis-moi, depuis quelque temps, je te trouve l'air triste. N'est-ce pas, tu n'es pas triste?

RODOLFO.

Non, Tisbe.

LA TISBE.

Tu n'es pas souffrant?

RODOLFO.

Non.

LA TISBE.

Tu n'es pas jaloux?

RODOLFO.

Non.

LA TISBE.

Si! je veux que tu sois jaloux! ou bien c'est que tu ne m'aimes pas! Allons! pas de tristesse. Ah çà, au fait, moi je tremble toujours, tu n'es pas inquiet? personne ici ne sait que tu n'es pas mon frère?

RODOLFO.

Personne, excepté Anafesto.

LA TISBE.

Ton ami. Oh! celui-là est sûr.

Entre Anafesto Galeofa.

— Le voici précisément. Je vais le confier à lui pour quelques instants.

Riant.

— Monsieur Anafesto, ayez soin qu'il ne parle à aucune femme.

ANAFESTO, *souriant*.

Soyez tranquille, madame.

La Tisbe sort.

SCÈNE III.

RODOLFO, ANAFESTO GALEOFA, HOMODEI, *toujours endormi*.

ANAFESTO, *la regardant sortir*.

Oh! charmante! — Rodolfo, tu es heureux; elle t'aime.

RODOLFO.

Anafesto, je ne suis pas heureux; je ne l'aime pas.

ANAFESTO.

Comment! que dis-tu?

RODOLFO, *apercevant Homodei*.

Qu'est-ce que c'est que cet homme qui dort là?

ANAFESTO.

Rien; c'est ce pauvre musicien, tu sais.

RODOLFO.

Ah! oui, cet idiot.

ANAFESTO.

Tu n'aimes pas la Tisbe! est-il possible! que viens-tu de me dire?

RODOLFO.

Ah! je t'ai dit cela? Oublie-le.

ANAFESTO.

La Tisbe! adorable femme!

RODOLFO.

Adorable en effet. Je ne l'aime pas.

ANAFESTO.

Comment!

RODOLFO.

Ne m'interroge point.

ANAFESTO.

Moi, ton ami!

LA TISBE, *rentrant et courant à Rodolfo avec un sourire*.

Je reviens seulement pour te dire un mot: Je t'aime! Maintenant je m'en vais.

Elle sort en courant.

ANAFESTO, *la regardant sortir*.

Pauvre Tisbe!

RODOLFO.

Il y a au fond de ma vie un secret qui n'est connu que de moi seul.

ANAFESTO.

Quelque jour tu le confieras à ton ami, n'est-ce pas? Tu es bien sombre aujourd'hui, Rodolfo?

RODOLFO.

Oui, laisse-moi un instant.

Anafesto sort. Rodolfo s'assied sur le banc de pierre près de la porte et laisse tomber sa tête dans ses mains. Quand Anafesto est sorti, Homodei ouvre les yeux, se lève, puis va à pas lents se placer debout derrière Rodolfo absorbé dans sa rêverie.

SCÈNE IV.

RODOLFO, HOMODEI.

Homodei pose la main sur l'épaule de Rodolfo. Rodolfo se retourne et le regarde avec stupeur.

HOMODEI.

Vous ne vous appelez pas Rodolfo. Vous vous appelez Ezzelino da Romana. Vous êtes d'une ancienne famille qui a régné à Padoue, et qui en est bannie depuis deux cents ans. Vous errez de ville en ville sous un faux nom, vous hasardant quelquefois dans l'état de Venise. Il y a sept ans, à Venise même, vous aviez vingt ans alors, vous vîtes un jour dans une église une jeune fille très-belle. Dans l'église de Saint-Georges-le-Grand. Vous ne la suivîtes pas ; à Venise, suivre une femme, c'est chercher un coup de stylet ; mais vous revîntes souvent dans l'église. La jeune fille y revint aussi. Vous fûtes pris d'amour pour elle, elle pour vous. Sans savoir son nom, car vous ne l'avez jamais su, et vous ne le savez pas encore, elle ne s'appelle pour vous que Catarina, vous trouvâtes moyen de lui écrire, elle de vous répondre. Vous obtîntes d'elle des rendez-vous chez une femme nommée la béate Cécilia. Ce fut entre elle et vous un amour éperdu ; mais elle resta pure. Cette jeune fille était noble ; c'est tout ce que vous saviez d'elle. Une noble vénitienne ne peut épouser qu'un noble vénitien ou un roi ; vous n'êtes pas vénitien et vous n'êtes plus roi. Banni d'ailleurs, vous n'y pouviez aspirer. Un jour elle manqua au rendez-vous ; la béate Cécilia vous apprit qu'on l'avait mariée. Du reste, vous ne pûtes pas plus savoir le nom du mari que vous n'aviez su le nom du père. Vous quittâtes Venise. Depuis ce jour, vous vous êtes enfui par toute l'Italie ; mais l'amour vous a suivi. Vous avez jeté votre vie aux plaisirs, aux distractions, aux folies, aux vices. Inutile. Vous avez tâché d'aimer d'autres femmes, vous avez cru même en aimer d'autres, cette comédienne, par exemple, la Tisbe. Inutile encore. L'ancien amour a toujours reparu sous les nouveaux. Il y a trois mois, vous êtes venu à Padoue avec la Tisbe qui vous fait passer pour son frère. Le podesta, monseigneur Angelo Malipieri, s'est épris d'elle ; et vous, voici ce qui vous est arrivé. Un soir, le seizième jour de février, une femme voilée a passé près de vous sur le pont Molino, vous a pris la main, et vous a mené dans la rue Sanpiero. Dans cette rue sont les ruines de l'ancien palais Magaruffi, démoli par votre ancêtre Ezzelin III ; dans ces ruines il y a une cabane ; dans cette cabane vous avez trouvé la femme de Venise que vous aimez et qui vous aime depuis sept ans. A partir de ce jour, vous vous êtes rencontré trois fois par semaine avec elle dans cette cabane. Elle est restée tout à la fois fidèle à son amour et à son honneur, à vous et à son mari. Du reste, cachant toujours son nom. Catarina, rien de plus. Le mois passé, votre bonheur s'est rompu brusquement. Un jour elle n'a point paru à la cabane. Voilà cinq semaines que vous ne l'avez vue. Cela tient à ce que son mari se défie d'elle et la garde enfermée. — Nous sommes au matin, le jour va paraître. — Vous la cherchez partout, vous ne la trouvez pas, vous ne la trouverez jamais. — Voulez-vous la voir ce soir ?

RODOLFO, *le regardant fixement.*

Qui êtes-vous ?

HOMODEI.

Ah ! des questions. Je n'y réponds pas. — Ainsi vous ne voulez pas voir aujourd'hui cette femme ?

RODOLFO.

Si ! si ! la voir ! je veux la voir ! Au nom du ciel ! la revoir un instant et mourir !

HOMODEI.

Vous la verrez.

RODOLFO.

Où ?

HOMODEI.

Chez elle.

RODOLFO.

Mais, dites-moi, elle ! qui est-elle ? son nom ?

HOMODEI.

Je vous le dirai chez elle.

RODOLFO.

Ah ! vous venez du ciel !

HOMODEI.

Je n'en sais rien. Ce soir, au lever de la lune, — à minuit, c'est plus simple, — trouvez-vous à l'angle du palais d'Albert de Baon, rue Santo-Urbano. J'y serai. Je vous conduirai. A minuit.

RODOLFO.

Merci ! Et vous ne voulez pas me dire qui vous êtes ?

HOMODEI.

Qui je suis ? Un idiot.

Il sort.

RODOLFO, *resté seul.*

Quel est cet homme ? Ah ! qu'importe ! Minuit ! à minuit ! Qu'il y a loin d'ici minuit ! Oh ! Catarina ! pour l'heure qu'il me promet, je lui aurais donné ma vie !

Entre la Tisbe.

SCÈNE V.

RODOLFO, LA TISBE.

LA TISBE.

C'est encore moi, Rodolfo. Bonjour ! Je n'ai pu être plus long-temps sans te voir. Je ne puis me séparer de toi ; je te suis partout ; je pense et je vis par toi. Je suis l'ombre de ton corps, tu es l'âme du mien.

RODOLFO.

Prenez garde, Tisbe, ma famille est une famille fatale. Il y a sur nous une prédiction, une destinée qui s'accomplit presque inévitablement de père en fils. Nous tuons qui nous aime.

LA TISBE.

Hé bien ! tu me tueras. Après ? pourvu que tu m'aimes !

RODOLFO.

Tisbe...

LA TISBE.

Tu me pleureras ensuite. Je n'en veux pas plus.

RODOLFO.

Tisbe, vous mériteriez l'amour d'un ange.
Il lui baise la main et sort lentement.

LA TISBE, *seule*.

Eh bien! comme il me quitte! Robolfo! il s'en va. Qu'est-ce qu'il a donc?
Regardant vers le banc.
— Ah! Homodei s'est réveillé!
Homodei paraît au fond du théâtre.

SCÈNE VI.

LA TISBE, HOMODEI.

HOMODEI.

Le Rodolfo s'appelle Ezzelino, l'aventurier est un prince, l'idiot est un esprit, l'homme qui dort est un chat qui guette. Œil fermé, oreille ouverte.

LA TISBE.

Que dit-il?

HOMODEI, *montrant sa guitare*.

Cette guitare a des fibres qui rendent le son qu'on veut. Le cœur d'un homme, le cœur d'une femme ont aussi des fibres dont on peut jouer.

LA TISBE.

Qu'est-ce que cela veut dire.

HOMODEI.

Madame, cela veut dire que si par hasard vous perdez aujourd'hui un beau jeune homme qui a une plume noire à son chapeau, je sais l'endroit où vous pourrez le retrouver la nuit prochaine.

LA TISBE.

Chez une femme!

HOMODEI.

Blonde.

LA TISBE.

Quoi! que veux-tu dire? qui es-tu?

HOMODEI.

Je n'en sais rien.

LA TISBE.

Tu n'es pas ce que je croyais, malheureuse que je suis! Ah! le podesta s'en doutait, tu es un homme redoutable! Qui es-tu? oh! qui es-tu? Rodolfo chez une femme! la nuit prochaine! C'est là ce que tu veux dire! hein? est-ce là ce que tu veux dire?

HOMODEI.

Je n'en sais rien.

LA TISBE.

Ah! tu mens! C'est impossible, Rodolfo m'aime.

HOMODEI.

Je n'en sais rien.

LA TISBE.

Ah! misérable! ah! tu mens! Comme il ment!

Tu es un homme payé. Mon Dieu, j'ai donc des ennemis, moi! Mais Rodolfo m'aime. Va, tu ne parviendras pas à m'alarmer. Je ne te crois pas. Tu dois être bien furieux de voir que ce que tu me dis ne me fait aucun effet.

HOMODEI.

Vous avez remarqué sans doute que le podesta, monseigneur Angelo Malipieri, porte à sa chaîne de cou un petit bijou en or artistement travaillé. Ce bijou est une clef. Feignez d'en avoir envie comme d'un bijou. Demandez-la-lui sans lui dire ce que nous en voulons faire.

LA TISBE.

Une clef, dis-tu? Je ne la demanderai pas. Je ne demanderai rien. Cet infâme qui voudrait me faire soupçonner Rodolfo! Je ne veux pas de cette clef. Va-t'en, je ne t'écoute pas.

HOMODEI.

Voici justement le podesta qui vient. Quand vous aurez la clef, je vous expliquerai comment il faudra vous en servir la nuit prochaine. Je reviendrai dans un quart d'heure.

LA TISBE.

Misérable! tu ne m'entends donc pas? je te dis que je ne veux point de cette clef. J'ai confiance en Rodolfo, moi. Cette clef, je ne m'en occupe point. Je n'en dirai pas un mot au podesta. Et ne reviens pas, c'est inutile! je ne te crois pas.

HOMODEI.

Dans un quart d'heure.
Il sort. Entre Angelo.

SCÈNE VII.

LA TISBE, ANGELO.

LA TISBE.

Ah! vous voilà, monseigneur. Vous cherchez quelqu'un?

ANGELO.

Oui, Virgilio Tasca à qui j'avais un mot à dire.

LA TISBE.

Eh bien! êtes-vous toujours jaloux?

ANGELO.

Toujours, madame.

LA TISBE.

Vous êtes fou. A quoi bon être jaloux! je ne comprends pas qu'on soit jaloux. J'aimerais un homme, moi, que je n'en serais certainement pas jalouse.

ANGELO.

C'est que vous n'aimez personne.

LA TISBE.

Si. J'aime quelqu'un.

ANGELO.

Qui?

LA TISBE.

Vous.

ANGELO.

Vous m'aimez! est-il possible? ne vous jouez

pas de moi, mon Dieu ! Oh ! répétez-moi ce que vous m'avez dit là.

LA TISBE.

Je vous aime.
Il s'approche d'elle avec ravissement. Elle prend la chaîne qu'il porte au cou.
— Tiens ! qu'est-ce donc que ce bijou ? je ne l'avais pas encore remarqué. C'est joli. Bien travaillé. Oh ! mais c'est ciselé par Benvenuto. Charmant ! Qu'est-ce que c'est donc ? c'est bon pour une femme, ce bijou-là.

ANGELO.

Ah ! Tisbe, vous m'avez rempli le cœur de joie avec un mot !

LA TISBE.

C'est bon, c'est bon. Mais dites-moi donc ce que c'est que cela ?

ANGELO.

Cela, c'est une clef.

LA TISBE.

Ah ! c'est une clef. Tiens, je ne m'en serais jamais doutée. Ah ! oui, je vois, c'est avec ceci qu'on ouvre. Ah ! c'est une clef.

ANGELO.

Oui, ma Tisbe.

LA TISBE.

Ah bien ! puisque c'est une clef, je n'en veux pas, gardez-la.

ANGELO.

Quoi ! est-ce que vous en aviez envie, Tisbe ?

LA TISBE.

Peut-être. Comme d'un bijou bien ciselé.

ANGELO.

Oh ! prenez-la.
Il détache la clef du collier.

LA TISBE.

Non. Si j'avais su que ce fût une clef, je ne vous en aurais pas parlé. Je n'en veux pas, vous dis-je. Cela vous sert peut-être.

ANGELO.

Oh ! bien rarement. D'ailleurs j'en ai une autre. Vous pouvez la prendre, je vous jure.

LA TISBE.

Non, je n'en ai plus envie. Est-ce qu'on ouvre des portes avec cette clef-là ? elle est bien petite.

ANGELO.

Cela ne fait rien ; ces clefs-là sont faites pour des serrures cachées. Celle-ci ouvre plusieurs portes, entre autres celle d'une chambre à coucher.

LA TISBE.

Vraiment ! Allons ! puisque vous l'exigez absolument, je la prends.
Elle prend la clef.

ANGELO.

Oh ! merci. Quel bonheur ! vous avez accepté quelque chose de moi ! merci !

LA TISBE.

Au fait, je me souviens que l'ambassadeur de France à Venise, monsieur de Montluc, en avait une à peu près pareille. Avez-vous connu monsieur le maréchal de Montluc ? Un homme de grand esprit, n'est-ce pas ? Ah ! vous autres nobles, vous ne pouvez parler aux ambassadeurs. Je n'y songeais pas. C'est égal, il n'était pas tendre aux huguenots, ce monsieur de Montluc. Si jamais ils lui tombent dans les mains ! C'est un fier catholique ! — Tenez, monseigneur, je crois que voilà Virgilio Tasca qui vous cherche, là-bas, dans la galerie...

ANGELO.

Vous croyez ?

LA TISBE.

N'aviez-vous pas à lui parler ?

ANGELO.

Oh ! maudit soit-il de m'arracher d'auprès de vous !

LA TISBE, *lui montrant la galerie.*

Par là.

ANGELO, *lui baisant la main.*

Ah ! Tisbe, vous m'aimez donc !

LA TISBE.

Par là, par là. Tasca vous attend.

Angelo sort. Homodei paraît au fond du théâtre ; la Tisbe court à lui.

SCÈNE VIII.

LA TISBE, HOMODEI.

LA TISBE.

J'ai la clef !

HOMODEI.

Voyons.
Examinant la clef.
— Oui, c'est bien cela. — Il y a dans le palais du podesta une galerie qui regarde le pont Molino. Cachez-vous y ce soir. Derrière un meuble, derrière une tapisserie, où vous voudrez. A deux heures après minuit, je viendrai vous y chercher.

LA TISBE, *lui donnant sa bourse.*

Je te récompenserai mieux ! En attendant, prends cette bourse.

HOMODEI.

Comme il vous plaira. Mais laissez-moi finir. A deux heures après-minuit, je viendrai vous chercher. Je vous indiquerai la première porte que vous aurez à ouvrir avec cette clef. Après quoi je vous quitterai. Vous pourrez faire le reste sans moi ; vous n'aurez qu'à aller devant vous.

LA TISBE.

Qu'est-ce que je trouverai après la première porte ?

HOMODEI.

Une seconde, que cette clef ouvre également.

LA TISBE.

Et après la seconde ?

HOMODEI.

Une troisième. Cette clef les ouvre toutes.

LA TISBE.

Et après la troisième ?

HOMODEI.

Vous verrez.

DEUXIÈME JOURNÉE.

Une chambre richement tendue d'écarlate rehaussée d'or. Dans un angle, à gauche, un lit magnifique sur une estrade et sous un dais porté par des colonnes torses. Aux quatre coins du dais pendent des rideaux cramoisis qui peuvent se fermer et cacher entièrement le lit. A droite, dans l'angle, une fenêtre ouverte. Du même côté, une porte masquée dans la tenture ; auprès, un prie-Dieu, au-dessus duquel pend accroché au mur un crucifix en cuivre poli. Au fond, une grande porte à deux battants. Entre cette porte et le lit, une autre porte petite et très-ornée. Table, fauteuils, flambeaux ; un grand dressoir. Dehors, jardins, clochers, clair de lune. Une angélique sur la table.

SCÈNE I.

DAFNE, REGINELLA, *puis* HOMODEI.

REGINELLA.

Oui, Dafne, c'est certain. C'est Troïlo, l'huissier de nuit, qui me l'a conté. La chose s'est passée tout récemment, au dernier voyage que madame a fait à Venise. Un sbire, un infâme sbire ! s'est permis d'aimer madame, de lui écrire, Dafne, de chercher à la voir. Cela se conçoit-il ? Madame l'a fait chasser, et a bien fait.

DAFNE, *entr'ouvrant la porte près du prie-Dieu.*

C'est bien, Reginella ; mais madame attend son livre d'heures, tu sais ?

REGINELLA, *rangeant quelques livres sur la table.*

Quant à l'autre aventure, elle est plus terrible, et j'en suis sûre aussi. Pour avoir averti son maître qu'il avait rencontré un espion dans la maison, ce pauvre Palinuro est mort subitement dans la même soirée. Le poison, tu comprends ? Je te conseille beaucoup de prudence. D'abord, il faut prendre garde à ce qu'on dit dans ce palais ; il y a toujours quelqu'un dans le mur qui vous entend.

DAFNE.

Allons, dépêche-toi donc, nous causerons une autre fois. Madame attend.

REGINELLA, *rangeant toujours, et les yeux fixés sur la table.*

Si tu es si pressée, va devant. Je te suis.

Dafne sort et referme la porte sans que Reginella s'en aperçoive.

— Mais, vois-tu, Dafne, je te recommande le silence dans ce maudit palais. Il n'y a que cette chambre où l'on soit en sûreté. Ah ! ici, du moins, on est tranquille. On peut dire tout ce qu'on veut. C'est le seul endroit où quand on parle on soit sûr de ne pas être écouté.

Pendant qu'elle prononce ces derniers mots, un dressoir adossé au mur à droite tourne sur lui-même, donne passage à Homodei sans qu'elle s'en aperçoive, et se referme.

HOMODEI.

C'est le seul endroit où quand on parle on soit sûr de ne pas être écouté.

REGINELLA, *se retournant.*

Ciel !

HOMODEI.

Silence !

Il entr'ouvre sa robe et découvre son pourpoint de velours noir où sont brodées en argent ces trois lettres C. D. X. Reginella regarde les lettres et l'homme avec terreur.

— Lorsqu'on a vu l'un de nous et qu'on laisse deviner à qui que ce soit par un signe quelconque qu'on nous a vu, avant la fin du jour on est mort. — On parle de nous dans le peuple, tu dois savoir que cela se passe ainsi.

REGINELLA.

Jésus ! Mais par quelle porte est-il entré ?

HOMODEI.

Par aucune.

REGINELLA.

Jésus !

HOMODEI.

Réponds à toutes mes questions et ne me trompe sur rien. Il y va de la vie. Où donne cette porte ?

Il montre la grande porte du fond.

REGINELLA.

Dans la chambre de nuit de monseigneur.

HOMODEI, *montrant la petite porte près de la grande.*

Et celle-ci ?

REGINELLA.

Dans un escalier secret qui communique avec les galeries du palais. Monseigneur seul en a la clef.

HOMODEI, *désignant la porte près du prie-Dieu.*

Et celle-ci ?

REGINELLA.

Dans l'oratoire de madame.

HOMODEI.

Y a-t-il une issue à cet oratoire ?

REGINELLA.

Non. L'oratoire est dans une tourelle. Il n'y a qu'une fenêtre grillée.

HOMODEI, *allant à la fenêtre.*

Qui est au niveau de celle-ci ? C'est bien. Quatre-vingts pieds de mur à pic, et la Brenta au bas. Le grillage est du luxe. — Mais il y a un petit escalier dans cet oratoire. Où monte-t-il ?

REGINELLA.

Dans ma chambre, qui est aussi celle de Dafne, monseigneur.

HOMODEI.

Y a-t-il une issue à cette chambre?

REGINELLA.

Non, monseigneur. Une fenêtre grillée, et pas d'autre porte que celle qui descend dans l'oratoire.

HOMODEI.

Dès que ta maîtresse sera rentrée, tu monteras dans ta chambre, et tu y resteras sans rien écouter et sans rien dire.

REGINELLA.

J'obéirai, monseigneur.

HOMODEI.

Où est ta maîtresse?

REGINELLA.

Dans l'oratoire. Elle fait sa prière.

HOMODEI.

Elle reviendra ici ensuite?

REGINELLA.

Oui, monseigneur.

HOMODEI.

Pas avant une demi-heure?

REGINELLA.

Non, monseigneur.

HOMODEI.

C'est bien. Va-t'en. — Surtout, silence! Rien de ce qui va se passer ici ne te regarde. Laisse tout faire sans rien dire. Le chat joue avec la souris, qu'est-ce que cela te fait? Tu ne m'as pas vu, tu ne sais pas que j'existe. Voilà. Tu comprends? Si tu hasardes un mot, je l'entendrai; un clin d'œil, je le verrai; un geste, un signe, un serrement de main, je le sentirai. Va maintenant.

REGINELLA.

Oh, mon Dieu! qui est-ce donc qui va mourir ici?

HOMODEI.

Toi, si tu parles.

Au signe de Homodei, elle sort par la petite porte près du prie-Dieu. Quand elle est sortie, Homodei s'approche du dressoir qui tourne de nouveau sur lui-même et laisse voir un couloir obscur.

— Monseigneur Rodolfo! vous pouvez venir à présent. Neuf marches à monter.

On entend des pas dans l'escalier que masque le dressoir. Rodolfo paraît.

SCÈNE II.

HOMODEI, RODOLFO, *enveloppé d'un manteau.*

HOMODEI.

Entrez.

RODOLFO.

Où suis-je?

HOMODEI.

Où vous êtes? — Peut-être sur la planche de votre échafaud.

RODOLFO.

Que voulez-vous dire?

HOMODEI.

Est-il venu jusqu'à vous qu'il y a dans Padoue une chambre, chambre redoutable, quoique pleine de fleurs, de parfums et d'amour peut-être, où nul homme ne peut pénétrer, quel qu'il soit, noble ou sujet, jeune ou vieux, car y entrer, en entr'ouvrir la porte seulement, c'est un crime puni de mort?

RODOLFO.

Oui, la chambre de la femme du podesta.

HOMODEI.

Justement.

RODOLFO.

Hé bien, cette chambre?..

HOMODEI.

Vous y êtes.

RODOLFO.

Chez la femme du podesta?

HOMODEI.

Oui.

RODOLFO.

Celle que j'aime?...

HOMODEI.

S'appelle Catarina Bragadini, femme d'Angelo Malipieri, podesta de Padoue.

RODOLFO.

Est-il possible? Catarina Bragadini! la femme du podesta!

HOMODEI.

Si vous avez peur, il est temps encore, voici la porte ouverte, allez-vous-en.

RODOLFO.

Peur pour moi, non; mais pour elle. Qui est-ce qui me répond de vous?

HOMODEI.

Ce qui vous répond de moi, je vais vous le dire, puisque vous le voulez. Il y a huit jours, à une heure avancée de la nuit, vous passiez sur la place de San-Prodocimo. Vous étiez seul. Vous avez entendu un bruit d'épées et des cris derrière l'église. Vous y avez couru.

RODOLFO.

Oui, et j'ai débarrassé de trois assassins qui l'allaient tuer un homme masqué...

HOMODEI.

Lequel s'en est allé sans vous dire son nom et sans vous remercier. Cet homme masqué, c'était moi. Depuis cette nuit-là, monseigneur Ezzelino, je vous veux du bien. Vous ne me connaissez pas, mais je vous connais. J'ai cherché à vous rapprocher de la femme que vous aimez. C'est de la reconnaissance. Rien de plus. Vous fiez-vous à moi maintenant?

RODOLFO.

Oh! oui! oh! merci! Je craignais quelque trahison pour elle. J'avais un poids sur le cœur, tu me l'ôtes. Ah! tu es mon ami, mon ami à jamais! tu fais plus pour moi que je n'ai fait pour toi. Oh! je n'aurais pas vécu plus long-temps sans voir Catarina. Je me serais tué, vois-tu ; je me serais damné. Je n'ai sauvé que ta vie ; toi, tu sauves mon cœur, tu sauves mon âme !

HOMODEI.

Ainsi vous restez ?

RODOLFO.

Si je reste ! si je reste ! je me fie à toi, te dis-je ! Oh ! la revoir ! elle ! une heure, une minute, la revoir ! Tu ne comprends donc pas ce que c'ést que cela, la revoir ! — Où est-elle ?

HOMODEI.

Là, dans son oratoire.

RODOLFO.

Où la reverrai-je ?

HOMODEI.

Ici.

RODOLFO.

Quand ?

HOMODEI.

Dans un quart d'heure.

RODOLFO.

Oh mon Dieu !

HOMODEI, *lui montrant toutes les portes l'une après l'autre.*

Faites attention. Là, au fond, est la chambre de nuit du podesta. Il dort en ce moment, et rien ne veille à cette heure dans le palais, hors madame Catarina et nous. Je pense que vous ne risquez rien cette nuit. Quant à l'entrée qui nous a servi, je ne puis vous en communiquer le secret qui n'est connu que de moi seul ; mais, au matin, il vous sera aisé de vous échapper.

Allant au fond.

— Cela donc est la porte du mari. Quant à vous, seigneur Rodolfo, qui êtes l'amant,

Il montre la fenêtre.

— je ne vous conseille pas d'user de celle-ci. En aucun cas. Quatre-vingts pieds à pic, et la rivière au fond. A présent je vous laisse.

RODOLFO.

Vous m'avez dit dans un quart d'heure ?

HOMODEI.

Oui.

RODOLFO.

Viendra-t-elle seule ?

HOMODEI.

Peut-être que non. Mettez-vous à l'écart quelques instants.

RODOLFO.

Où ?

HOMODEI.

Derrière le lit. Ah ! tenez ! sur le balcon. Vous vous montrerez quand vous le jugerez à propos. Je crois qu'on remue les chaises dans l'oratoire. Madame Catarina va rentrer. Il est temps de nous séparer. Adieu.

RODOLFO, *près du balcon.*

Qui que vous soyez, après un tel service, vous pourrez désormais disposer de tout ce qui est à moi, ô mon bien, de ma vie !

Il se place sur le balcon où il disparaît.

HOMODEI, *revenant sur le devant du théâtre.*

A part.

Elle n'est plus à vous, monseigneur.

Il regarde si Rodolfo ne le voit plus, puis il tire de sa poitrine une lettre qu'il dépose sur la table. Il sort par l'entrée secrète qui se referme sur lui. Entrent, par la porte de l'oratoire, Catarina et Dafne. Catarina en costume de femme noble vénitienne.

SCÈNE III.

CATARINA, DAFNE, RODOLFO, *caché sur le balcon.*

CATARINA.

Plus d'un mois ! Sais-tu qu'il y a plus d'un mois, Dafne? Oh ! c'est donc fini ! Encore si je pouvais dormir, je le verrais peut-être en rêve, mais je ne dors plus. Où est Reginella ?

DAFNE.

Elle vient de monter dans sa chambre, où elle s'est mise en prières. Vais-je l'appeler pour qu'elle vienne servir madame ?

CATARINA.

Laisse-la servir Dieu. Laisse-la prier. Hélas ! moi, cela ne me fait rien de prier !

DAFNE.

Fermerai-je cette fenêtre, madame ?

CATARINA.

Cela tient à ce que je souffre trop, vois-tu, ma pauvre Dafne. Il y a pourtant cinq semaines, cinq semaines éternelles que je ne l'ai vu ! — Non, ne ferme pas la fenêtre. Cela me rafraîchit un peu. J'ai la tête brûlante. Touche. — Et je ne le verrai plus ! Je suis enfermée, gardée, en prison. C'est fini. Pénétrer dans cette chambre, c'est un crime de mort. Oh ! je ne voudrais pas même le voir. Le voir ici ! Je tremble rien que d'y songer. Hélas, mon Dieu ! cet amour était donc bien coupable, mon Dieu ! Pourquoi est-il revenu à Padoue ? Pourquoi me suis-je laissée reprendre à ce bonheur qui devait durer si peu ? Je le voyais une heure de temps en temps. Cette heure, si étroite et si vite fermée, c'était le seul soupirail par où il entrait un peu d'air et de soleil dans ma vie. Maintenant tout est muré. Je ne verrai plus ce visage d'où le jour me venait. Oh ! Rodolfo ! Dafne, dis-moi la vérité, n'est-ce pas que tu crois bien que je ne le verrai plus ?

DAFNE.

Madame...

CATARINA.

Et puis, moi, je ne suis pas comme les autres femmes. Les plaisirs, les fêtes, les distractions, tout cela ne me ferait rien. Moi, Dafne, depuis sept ans, je n'ai dans le cœur qu'une pensée, l'amour, qu'un sentiment, l'amour, qu'un nom, Rodolfo. Quand je regarde en moi-même, j'y trouve Rodolfo, toujours Rodolfo, rien que Rodolfo. Mon âme est faite à son image. Vois-tu, c'est impossible autrement. Voilà sept ans que je l'aime. J'étais toute jeune. Comme on vous marie sans pitié! Par exemple, mon mari, eh bien, je n'ose seulement pas lui parler. Crois-tu que cela fasse une vie bien heureuse? Quelle position que la mienne! Encore si j'avais ma mère!

DAFNE.

Chassez donc toutes ces idées tristes, madame.

CATARINA.

Oh! par des soirées pareilles, Dafne, nous avons passé, lui et moi, de bien douces heures! Est-ce que c'est coupable tout ce que je te dis là de lui? Non, n'est-ce pas? Allons, mon chagrin t'afflige, je ne veux pas te faire de peine. Va dormir. Va retrouver Reginella.

DAFNE.

Est-ce que madame?...

CATARINA.

Oui, je me déferai seule. Dors bien, ma bonne Dafne. Va.

DAFNE.

Que le ciel vous garde cette nuit, madame!

Elle sort par la porte de l'oratoire.

SCÈNE IV.

CATARINA, RODOLFO, *d'abord sur le balcon.*

CATARINA, *seule.*

Il y avait une chanson qu'il chantait. Il la chantait à mes pieds avec une voix si douce! Oh! il y a des moments où je voudrais le voir. Je donnerais mon sang pour cela! Ce couplet surtout qu'il m'adressait.

Elle prend la guitare.

— Voici l'air, je crois.

Elle joue quelques mesures d'une musique mélancolique.

— Je voudrais me rappeler les paroles. Oh! je vendrais mon âme pour les lui entendre chanter, à lui, encore une fois! sans le voir, de là loin d'aussi loin qu'on voudrait. Mais sa voix! entendre sa voix!

RODOLFO, *du balcon où il est caché.*

Il chante.

Mon âme à ton cœur s'est donnée.
Je n'existe qu'à ton côté;
Car une même destinée
Nous joint d'un lien enchanté;
Toi l'harmonie et moi la lyre,
Moi l'arbuste et toi le zéphyre,
Moi la lèvre et toi le sourire,
Moi l'amour et toi la beauté!

CATARINA, *laissant tomber la guitare.*

Ciel!

RODOLFO, *continuant, toujours caché.*

Tandis que l'heure
S'en va fuyant,
Mon chant qui pleure
Dans l'ombre effleure
Ton front riant!

CATARINA.

Rodolfo!

RODOLFO, *paraissant et jetant son manteau sur le balcon derrière lui.*

Catarina!

Il vient tomber à ses pieds.

CATARINA.

Vous êtes ici? Comment! vous êtes ici? Oh Dieu! je meurs de joie et d'épouvante. Rodolfo! savez-vous où vous êtes? Est-ce que vous vous figurez que vous êtes ici dans une chambre comme une autre, malheureux? Vous risquez votre tête.

RODOLFO.

Que m'importe! Je serais mort de ne plus vous voir, j'aime mieux mourir pour vous avoir revue.

CATARINA.

Tu as bien fait. Eh bien, oui, tu as eu raison de venir. Ma tête aussi est risquée. Je te revois, qu'importe le reste! Une heure avec toi, et ensuite que ce plafond croule, s'il veut!

RODOLFO.

D'ailleurs le ciel nous protégera, tout dort dans le palais, il n'y a pas de raison pour que je ne sorte pas comme je suis entré.

CATARINA.

Comment as-tu fait?

RODOLFO.

C'est un homme auquel j'ai sauvé la vie... Je vous expliquerai cela. Je suis sûr des moyens que j'ai employés.

CATARINA.

N'est-ce pas? oh! si tu es sûr, cela suffit. Oh Dieu! mais regarde-moi donc que je te voie!

RODOLFO.

Catarina!

CATARINA.

Oh! ne pensons plus qu'à nous, toi à moi, moi à toi. Tu me trouves bien changée, n'est-ce pas? Je vais t'en dire la raison, c'est que depuis cinq semaines je n'ai fait que pleurer. Et toi, qu'as-tu fait tout ce temps-là? As-tu été bien triste au moins? Quel effet cela t'a-t-il fait, cette séparation? Dis-moi cela. Parle-moi. Je veux que tu me parles.

RODOLFO.

O Catarina, être séparé de toi, c'est avoir les ténèbres sur les yeux, le vide au cœur! C'est sentir qu'on meurt un peu chaque jour! C'est être sans lampe dans un cachot, sans étoile dans la nuit! C'est ne plus vivre, ne plus penser, ne plus savoir rien! Ce que j'ai fait, dis-tu? je l'ignore. Ce que j'ai senti, le voilà.

CATARINA.

Eh bien, moi aussi! Eh bien, moi aussi! Eh bien, moi aussi! Oh! je vois que nos cœurs n'ont pas été séparés. Il faut que je te dise bien des choses. Par où commencer? On m'a enfermée. Je ne puis plus sortir. J'ai bien souffert. Vois-tu, il ne faut pas t'étonner si je n'ai pas tout de suite sauté à ton cou, c'est que j'ai été saisie.

Oh Dieu! quand j'ai entendu ta voix, je ne puis pas te le dire, je ne savais plus où j'étais. Voyons, assieds-toi là, tu sais? comme autrefois. Parlons bas seulement. Tu resteras jusqu'au matin. Dafne te fera sortir. Oh! quelles heures délicieuses! Eh bien, maintenant, je n'ai plus peur du tout, tu m'as pleinement rassurée. Oh! je suis joyeuse de te voir. Toi ou le paradis, je choisirais toi. Tu demanderas à Dafne, comme j'ai pleuré! elle a bien eu soin de moi, la pauvre fille. Tu la remercieras. Et Reginella aussi. Mais dis-moi, tu as donc découvert mon nom? Oh! tu n'es embarrassé de rien, toi. Je ne sais pas ce que tu ne ferais pas quand tu veux une chose. Oh dis! auras-tu moyen de revenir?

RODOLFO.

Oui. Et comment vivrais-je sans cela? Catarina, je t'écoute avec ravissement. Oh! ne crains rien. Vois comme cette nuit est calme. Tout est amour en nous, tout est repos autour de nous. Deux âmes comme les nôtres qui s'épanchent l'une dans l'autre, Catarina, c'est quelque chose de limpide et de sacré que Dieu ne voudrait pas troubler! Je t'aime, tu m'aimes et Dieu nous voit! Il n'y a que nous trois d'éveillés à cette heure! Ne crains rien.

CATARINA.

Non. Et puis il y a des moments où l'on oublie tout. On est heureux, on est ébloui l'un de l'autre. Vois, Rodolfo : séparés, je ne suis qu'une pauvre femme prisonnière, tu n'es qu'un pauvre homme banni; ensemble, nous ferions envie aux anges! Oh! non, ils ne sont pas tant au ciel que nous. Rodolfo, on ne meurt pas de joie, car je serais morte. Tout est mêlé dans ma tête. Je t'ai fait mille questions tout à l'heure, je ne puis plus me rappeler un mot de ce que je t'ai dit. T'en souviens-tu, toi, seulement? Quoi! ce n'est pas un rêve! Vraiment, tu es là, toi!

RODOLFO.

Pauvre amie!

CATARINA.

Non, tiens, ne me parle pas, laisse-moi rassembler mes idées, laisse-moi te regarder, mon âme laisse-moi penser que tu es là. Tout à l'heure je te répondrai. On a des moments comme cela, tu sais, où l'on veut regarder l'homme qu'on aime et lui dire : Tais-toi, je te regarde! Tais-toi, je t'aime! Tais-toi, je suis heureuse!

Il lui baise la main. Elle se retourne et aperçoit la lettre qui est sur la table.

— Qu'est-ce que c'est que cela? O mon Dieu! Voici un papier qui me réveille! Une lettre! Est-ce toi qui as mis cette lettre là?

RODOLFO.

Non. Mais c'est sans doute l'homme qui est venu avec moi.

CATARINA.

Il est venu un homme avec toi! Qui? Voyons! Qu'est-ce que c'est que cette lettre?

Elle décachète avidement la lettre et lit.

— « Il y a des gens qui ne s'enivrent que de vin de Chypre. Il y en a d'autres qui ne jouissent que de la vengeance raffinée. Madame, un sbire qui aime est bien petit; un sbire qui se venge est bien grand. » —

RODOLFO.

Grand Dieu! qu'est-ce que cela veut dire?

CATARINA.

Je connais l'écriture. C'est un infâme qui a osé m'aimer, et me le dire, et venir un jour chez moi, à Venise, et que j'ai fait chasser. Cet homme s'appelle Homodei.

RODOLFO.

En effet.

CATARINA.

C'est un espion du conseil des Dix.

RODOLFO.

Ciel!

CATARINA.

Nous sommes perdus! il y a un piége, et nous y sommes pris.

Elle va au balcon et regarde.

— Ah Dieu!

RODOLFO.

Quoi?

CATARINA.

Éteins ce flambeau, vite!

RODOLFO, *éteignant le flambeau.*

Qu'as-tu?

CATARINA.

La galerie qui donne sur le pont Molino...

RODOLFO.

Eh bien?

CATARINA.

Je viens d'y voir paraître et disparaître une lumière.

RODOLFO.

Misérable insensé que je suis! Catarina! la cause de ta perte, c'est moi!

CATARINA.

Rodolfo, je serais venue à toi comme tu es venu à moi.

Prêtant l'oreille à la petite porte du fond.

— Silence! — Écoutons. — Je crois entendre du bruit dans le corridor. Oui! on ouvre une porte! On marche! — Par où es-tu entré?

RODOLFO.

Par une porte masquée, là, que ce démon a refermée.

CATARINA.

Que faire?

RODOLFO.

Cette porte?...

CATARINA.

Donne chez mon mari!

RODOLFO.

La fenêtre?...

CATARINA.

Un abîme!

RODOLFO.

Cette porte-ci?

CATARINA.

C'est mon oratoire, où il n'y a pas d'issue. Aucun moyen de fuir. C'est égal, e̅...s-y.

Elle ouvre l'oratoire, Rodolfo s'y précipite, ...e referme la porte.

Restée seule.

— Fermons-la à double tour.

Elle prend la clef qu'elle cache dans sa poitrine.

— Qui sait ce qui va arriver? Il voudrait peut-être me porter secours. Il sortirait, il se perdrait.

Elle va à la petite porte du fond.

— Je n'entends plus rien. Si! on marche. On s'arrête. Pour écouter sans doute. Ah! mon Dieu! feignons toujours de dormir.

Elle quitte sa robe de surtout et se jette sur le lit.

— Ah! mon Dieu! je tremble! On met une clef dans la serrure! Oh! je ne veux pas voir ce qui va entrer!

Elle ferme les rideaux du lit. La porte s'ouvre.

SCÈNE V.

CATARINA, LA TISBE.

Entre la Tisbe, pâle, une lampe à la main. Elle avance à pas lents, regardant autour d'elle. Arrivée à la table, elle examine le flambeau qu'on vient d'éteindre.

LA TISBE.

Le flambeau fume encore.

Elle se tourne, aperçoit le lit, y court et tire le rideau.

— Elle est seule! elle fait semblant de dormir.

Elle se met à faire le tour de la chambre, examinant les portes et le mur.

— Ceci est la porte du mari.

Heurtant du revers de la main sur la porte de l'oratoire qui est masquée dans la tenture.

— Il y a ici une porte.

Catarina s'est dressée sur son séant et la regarde faire avec stupeur.

CATARINA.

Qu'est-ce que c'est que ceci?

LA TISBE.

Ceci? ce que c'est? Tenez, je vais vous le dire. C'est la maîtresse du podesta qui tient dans ses mains la femme du podesta!

CATARINA.

Ciel!

LA TISBE.

Ce que c'est que ceci, madame? C'est une comédienne, une fille de théâtre, une baladine, comme vous nous appelez, qui tient dans ses mains, je viens de vous le dire, une grande dame, une femme mariée, une femme respectée, une vertu! qui la tient dans ses mains, dans ses ongles, dans ses dents! qui peut en faire ce qu'elle voudra, de cette grande dame, de cette bonne renommée dorée, et qui va la déchirer, la mettre en pièces, la mettre en lambeaux, la mettre en morceaux! Ah! mesdames les grandes dames, je ne sais pas ce qui va arriver, mais ce qui est sûr, c'est que j'en ai une là sous mes pieds, une de vous autres! et que je ne lâcherai pas! et qu'elle peut être tranquille! et qu'il aurait mieux valu pour elle la foudre sur sa tête que mon visage devant le sien! Dites donc, madame, je vous trouve hardie d'oser lever les yeux sur moi quand vous avez un amant chez vous.

CATARINA.

Madame...

LA TISBE.

Caché!

CATARINA.

Vous vous trompez!...

LA TISBE.

Ah! tenez, ne niez pas. Il était là! Vos places sont encore marquées par vos fauteuils. Vous auriez dû les déranger au moins. Et que vous disiez-vous? Mille choses tendres, n'est-ce pas? mille choses charmantes, n'est-ce pas? Je t'aime! je t'adore! je suis à toi!... — Ah! ne me touchez pas, madame!

CATARINA.

Je ne puis comprendre...

LA TISBE.

Et vous ne valez pas mieux que nous, mesdames! Ce que nous disons tout haut à un homme en plein jour, vous le lui balbutiez honteusement la nuit. Il n'y a que les heures de changées! Nous vous prenons vos maris, vous nous prenez nos amants. C'est une lutte. Fort bien, luttons! Ah! fard, hypocrisie, trahisons, vertus singées, fausses femmes que vous êtes! Non, pardieu! vous ne nous valez pas! Nous ne trompons personne, nous! Vous, vous trompez le monde, vous trompez vos familles, vous trompez vos maris, vous tromperiez le bon Dieu, si vous pouviez! Oh! les vertueuses femmes qui passent voilées dans les rues! Elles vont à l'église! rangez-vous donc! inclinez-vous donc! prosternez-vous donc! Non, ne vous rangez pas, ne vous inclinez pas, ne vous prosternez pas, allez droit à elles, arrachez le voile, derrière le voile il y a un masque, arrachez le masque, derrière le masque il y a une bouche qui ment! — Oh! cela m'est égal, je suis la maîtresse du podesta, et vous êtes sa femme, et je veux vous perdre!

CATARINA.

Grand Dieu! madame...

LA TISBE.

Où est-il?

CATARINA.

Qui?

LA TISBE.

Lui.

CATARINA.

Je suis seule ici. Vraiment seule. Toute seule. Je ne comprends rien à ce que vous me demandez. Je ne vous connais pas, mais vos paroles me glacent d'épouvante, madame. Je ne sais pas ce que j'ai fait contre vous. Je ne puis croire que vous ayez un intérêt dans tout ceci...

LA TISBE.

Si j'ai un intérêt dans ceci! Je le crois bien que j'en ai un! Vous en doutez, vous? Ces femmes vertueuses sont incroyables! Est-ce que je vous parlerais comme je viens de vous parler si je n'avais pas la rage au cœur? Qu'est-ce que cela me fait, à moi, tout ce que je vous ai dit? Qu'est-ce que cela me fait que vous soyez une grande dame et que je sois une comédienne! Cela m'est bien égal, je suis aussi belle que vous! J'ai la haine dans le cœur, te dis-je, et je t'insulte comme je peux! Où est cet homme? Le nom de cet homme? Je veux voir cet homme! Oh! quand je pense qu'elle faisait semblant de dormir! Véritablement, c'est infâme!

CATARINA.

Dieu! mon Dieu! qu'est-ce que je vais devenir? Au nom du ciel, madame! si vous saviez...

LA TISBE.

Je sais qu'il y a là une porte! Je suis sûre qu'il est là!

CATARINA.

C'est mon oratoire, madame. Rien autre chose. Il n'y a personne, je vous le jure. Si vous saviez! on vous a trompée sur mon compte. Je vis retirée, isolée, cachée à tous les yeux...

LA TISBE.

Le voile!

CATARINA.

C'est mon oratoire, je vous assure. Il n'y a là que mon prie-Dieu et mon livre d'heures...

LA TISBE.

Le masque!

CATARINA.

Je vous jure qu'il n'y a personne de caché là, madame!

LA TISBE.

La bouche qui ment!

CATARINA.

Madame...

LA TISBE.

C'est bien cela. Mais êtes-vous folle de me parler ainsi et d'avoir l'air d'une coupable qui a peur! Vous ne niez pas avec assez d'assurance. Allons, redressez-vous, madame, mettez-vous en colère, si vous l'osez, et faites donc la femme innocente!

Elle aperçoit tout à coup le manteau qui est resté à terre près du balcon, elle y court et le ramasse.

— Ah! tenez, cela n'est plus possible. Voici le manteau.

CATARINA.

Ciel!

LA TISBE.

Non, ce n'est pas un manteau, n'est-ce pas? Ce n'est pas un manteau d'homme? Malheureusement, on ne peut reconnaître à qui il appartient, tous ces manteaux-là se ressemblent. Allons, prenez garde à vous, dites-moi le nom de cet homme!

CATARINA.

Je ne sais ce que vous voulez dire.

LA TISBE.

C'est votre oratoire, cela? Eh bien! ouvrez-le-moi.

CATARINA.

Pourquoi?

LA TISBE.

Je veux prier Dieu aussi, moi. Ouvrez.

CATARINA.

J'en ai perdu la clef.

LA TISBE.

Ouvrez donc!

CATARINA.

Je ne sais pas qui a la clef.

LA TISBE.

Ah! c'est votre mari qui l'a! — Monseigneur Angelo! Angelo! Angelo!

Elle veut courir à la porte du fond, Catarina se jette devant et la retient.

CATARINA.

Non! vous n'irez pas à cette porte. Non, vous n'irez pas! Je ne vous ai rien fait. Je ne vois pas du tout ce que vous avez contre moi. Vous ne me perdrez pas, madame. Vous auriez pitié de moi. Arrêtez un instant. Vous allez voir. Je vais vous expliquer. Un instant, seulement. Depuis que vous êtes là, je suis tout étourdie, tout effrayée, et puis vos paroles, tout ce que vous m'avez dit: je suis vraiment troublée, je n'ai pas tout compris. Vous m'avez dit que vous étiez une comédienne, que j'étais une grande dame, je ne sais plus; je vous jure qu'il n'y a personne là. Vous ne m'avez pas parlé de ce sbire, je suis sûre cependant que c'est lui qui est cause de tout; c'est un homme affreux qui vous trompe. Un espion! Oh! écoutez-moi un instant. Entre femmes on ne se refuse pas un instant. Un homme que je prierais ne serait pas si bon. Mais vous, ayez pitié. Vous êtes trop belle pour être méchante. Je vous disais donc que c'est ce misérable homme, cet espion, ce sbire, il suffit de s'entendre, vous auriez regret ensuite d'avoir causé ma mort. N'éveillez pas mon mari. Il me ferait mourir. Si vous saviez ma position, vous me plaindriez. Je ne suis pas coupable, pas très-coupable, vraiment. J'ai peut-être fait quelque imprudence, mais c'est que je n'ai plus ma mère. Je vous avoue que je n'ai plus ma mère. Oh! ayez pitié de moi, n'allez pas à cette porte, je vous en prie, je vous en prie, je vous en prie!

LA TISBE.

C'est fini! non! je n'écoute plus rien! Monseigneur! monseigneur!

CATARINA.

Arrêtez! Ah! Dieu! Ah! arrêtez! Vous ne savez donc pas qu'il va me tuer! Laissez-moi au moins un instant, encore un petit instant, pour prier Dieu! Non, je ne sortirai pas d'ici. Voyez-vous, je vais me mettre à genoux là...

Lui montrant le crucifix de cuivre au-dessus du prie-Dieu.

— devant ce crucifix.

L'œil de la Tisbe s'attache au crucifix.

— Oh! tenez, par grâce, priez à côté de moi. Voulez-vous, dites! Et puis après, si vous voulez toujours ma mort, si le bon Dieu vous laisse cette pensée-là, vous ferez ce que vous voudrez.

LA TISBE.

Elle se précipite sur le crucifix et l'arrache du mur.

Qu'est-ce que c'est que ce crucifix? D'où vous vient-il? D'où le tenez-vous? Qui vous l'a donné?

CATARINA.

Quoi? ce crucifix? Oh! je suis anéantie. Oh! cela ne vous sert à rien de me faire des questions sur ce crucifix!

LA TISBE.

Comment est-il en vos mains? dites vite!

Le flambeau est resté sur une crédence près du balcon. Elle s'en approche et examine le crucifix. Catarina la suit.

CATARINA.

Eh bien, c'est une femme. Vous regardez le nom qui est au bas, c'est un nom que je ne connais pas, *Tisbe,* je crois. C'est une pauvre femme qu'on voulait faire mourir. J'ai demandé sa grâce, moi. Comme c'était mon père, il me l'a accordée. A Brescia. J'étais tout enfant. Oh! ne me perdez pas, ayez pitié de moi, madame. Alors la femme m'a donné ce crucifix, en me disant qu'il me porterait bonheur. Voilà tout. Je vous jure que voilà bien tout. Mais qu'est-ce que cela vous fait? A quoi bon me faire dire des choses inutiles? Oh! je suis épuisée!

LA TISBE, *à part.*

Ciel! Ô ma mère!

La porte du fond s'ouvre. Angelo paraît vêtu d'une robe de nuit.

CATARINA, *revenant sur le devant du théâtre.*

Mon mari! Je suis perdue!

SCÈNE VI.

CATARINA, LA TISBE, ANGELO.

ANGELO, *sans voir la Tisbe, qui est restée près du balcon.*

Qu'est-ce que cela signifie, madame? Il me semble que je viens d'entendre du bruit chez vous.

CATARINA.

Monsieur...

ANGELO.

Comment se fait-il que vous ne soyez pas couchée à cette heure?

CATARINA.

C'est que...

ANGELO.

Mon Dieu, vous êtes toute tremblante. Il y a quelqu'un chez vous, madame!

LA TISBE, *s'avançant du fond du théâtre.*

Oui, monseigneur. Moi.

ANGELO.

Vous, Tisbe!

LA TISBE.

Oui, moi.

ANGELO.

Vous ici! au milieu de la nuit! Comment se fait-il que vous soyez ici, que vous y soyez à cette heure, et que madame...

LA TISBE.

Soit toute tremblante? Je vais vous dire cela, monseigneur. Écoutez-moi. La chose en vaut la peine.

CATARINA, *à part.*

Allons! c'est fini.

LA TISBE.

Voici, en deux mots. Vous deviez être assassiné demain matin.

ANGELO.

Moi!

LA TISBE.

En vous rendant de votre palais au mien. Vous savez que le matin vous sortez ordinairement seul. J'en ai reçu l'avis cette nuit même, et je suis venue en toute hâte avertir madame qu'elle eût à vous empêcher de sortir demain. Voilà pourquoi je suis ici, pourquoi j'y suis au milieu de la nuit, et pourquoi madame est toute tremblante.

CATARINA, *à part.*

Grand Dieu! qu'est-ce que c'est que cette femme?

ANGELO.

Est-il possible? Eh bien! cela ne m'étonne pas! Vous voyez que j'avais bien raison quand je vous parlais des dangers qui m'entourent. Qui vous a donné cet avis?

LA TISBE.

Un homme inconnu, qui a commencé par me faire promettre que je le laisserais évader. J'ai tenu ma promesse.

ANGELO.

Vous avez eu tort. On promet, mais on fait arrêter. Comment avez-vous pu entrer au palais?

LA TISBE.

L'homme m'y a fait entrer. Il a trouvé moyen d'ouvrir une petite porte qui est sous le pont Molino.

ANGELO.

Voyez-vous cela! Et pour pénétrer jusqu'ici?

LA TISBE.

Eh bien! et cette clef, que vous m'avez donnée vous-même!

ANGELO.

Il me semble que je ne vous avais pas dit qu'elle ouvrît cette chambre.

LA TISBE.

Si vraiment. C'est que vous ne vous en souvenez pas.

ANGELO, *apercevant le manteau.*

Qu'est-ce que c'est que ce manteau?

LA TISBE.

C'est un manteau que l'homme m'a prêté pour entrer dans le palais. J'avais aussi le chapeau, je ne sais plus ce que j'en ai fait.

ANGELO.

Penser que de pareils hommes entrent comme ils veulent chez moi ! Quelle vie que la mienne ! J'ai toujours un pan de ma robe pris dans quelque piége. Et dites-moi, Tisbe?...

LA TISBE.

Ah ! remettez à demain les autres questions, monseigneur, je vous prie. Pour cette nuit, on vous sauve la vie, vous devez être content. Vous ne nous remerciez seulement pas, madame et moi.

ANGELO.

Pardon, Tisbe.

LA TISBE.

Ma litière est en bas qui m'attend. Me donnerez-vous la main jusque là ? Laissons dormir madame à présent.

ANGELO.

Je suis à vos ordres, dona Tisbe. Passons par mon appartement, s'il vous plaît, que je prenne mon épée.

Allant à la grande porte du fond.

— Holà ! des flambeaux !

LA TISBE.

Elle prend Catarina à part sur le devant du théâtre.

Faites-le évader, tout de suite ! par où je suis venue. Voici la clef.

Se tournant vers l'oratoire.

— Oh ! cette porte ! Oh ! que je souffre ! Ne pas même savoir réellement si c'est lui !

ANGELO, *qui revient.*

Je vous attends, madame.

LA TISBE, *à part.*

Oh ! si je pouvais seulement le voir passer ! Aucun moyen ! Il faut s'en aller ! Oh !...

A Angelo.

— Allons ! venez, monseigneur !

CATARINA, *les regardant sortir.*

C'est donc un rêve !

═══════════════════════════════════════

TROISIÈME JOURNÉE.

PREMIÈRE PARTIE.

La chambre de Catarina. Les rideaux de l'estrade qui environne le lit sont fermés.

SCÈNE I.

ANGELO, DEUX PRÊTRES.

ANGELO, *au premier des deux prêtres.*

Monsieur le doyen de Saint-Antoine de Padoue, faites tendre de noir sur-le-champ la nef, le chœur et le maître-autel de votre église. Dans deux heures, — dans deux heures, — vous y ferez un service solennel pour le repos de l'âme de quelqu'un d'illustre qui mourra en ce moment-là même. Vous assisterez à ce service avec tout le chapitre. Vous ferez découvrir la châsse du saint. Vous allumerez trois cents flambeaux de cire blanche comme pour les reines. Vous aurez six cents pauvres qui recevront chacun un ducaton d'argent et un sequin d'or. Vous ne mettrez sur la tenture noire d'autre ornement que les armes de Malipieri et les armes de Bragadini. L'écusson de Malipieri est d'or à la serre d'aigle, l'écusson de Bragadini est coupé d'azur et d'argent à la croix rouge.

LE DOYEN.

Magnifique podesta...

ANGELO.

Ah ! — Vous allez descendre sur-le-champ avec tout votre clergé, croix et bannière en tête, dans le caveau de ce palais ducal, où sont les tombes des Romana. Une dalle y a été levée. Une fosse y a été creusée. Vous bénirez cette fosse. Ne perdez pas de temps. Vous prierez aussi pour moi.

LE DOYEN.

Est-ce que c'est quelqu'un de vos parents, monseigneur ?

ANGELO.

Allez.

Le doyen s'incline profondément et sort par la porte du fond. L'autre prêtre se dispose à le suivre. Angelo l'arrête.

— Vous, monsieur l'archiprêtre, restez. — Il y a ici à côté, dans cet oratoire, une personne que vous allez confesser tout de suite.

L'ARCHIPRÊTRE.

Un homme condamné, monseigneur ?

ANGELO.

Une femme.

L'ARCHIPRÊTRE.

Est-ce qu'il faudra préparer cette femme à la mort ?

ANGELO.

Oui. — Je vais vous introduire.

UN HUISSIER, *entrant.*

Votre excellence a fait mander dona Tisbe. Elle est là.

ANGELO.

Qu'elle entre et qu'elle m'attende ici un instant.

L'huissier sort. Le podesta ouvre l'oratoire et fait signe à l'archiprêtre d'entrer. Sur le seuil, il l'arrête.

— Monsieur l'archiprêtre, sur votre vie, quand vous sortirez d'ici, ayez soin de ne dire à qui que ce soit au monde le nom de la femme que vous allez voir.

Il entre dans l'oratoire avec le prêtre. La porte du fond s'ouvre, l'huissier introduit la Tisbe.

LA TISBE, *à l'huissier.*

Savez-vous ce qu'il me veut?

L'HUISSIER.

Non, madame.

Il sort.

SCÈNE II.

LA TISBE, *seule.*

Ah! cette chambre! Me voilà donc encore dans cette chambre! Que me veut le podesta? Le palais a un air sinistre ce matin. Que m'importe! je donnerais ma vie pour oui ou non. Oh! cette porte! Cela me fait un étrange effet de revoir cette porte le jour! C'est derrière cette porte qu'il était! Qui? Qui est-ce qui était derrière cette porte? Suis-je sûre que ce fût lui, seulement? Je n'ai pas même revu cet espion. Oh! l'incertitude! affreux fantôme qui vous obsède et qui vous regarde d'un œil louche sans rire ni pleurer! Si j'étais sûre que ce fût Rodolfo, — bien sûre, là, de ces preuves?.. — oh! je le perdrais, je le dénoncerais au podesta. Non. Mais je me vengerais de cette femme. Non. Je me tuerais. Oh oui! moi sûre que Rodolfo ne m'aime plus, moi sûre qu'il me trompe, moi sûre qu'il en aime une autre, eh bien! qu'est-ce que j'aurais à faire de la vie? cela me serait bien égal, je mourrais. Oh! sans me venger donc? Pourquoi pas? Oh oui, je dis cela en ce moment-ci, mais c'est que je suis bien capable aussi de me venger! Puis-je répondre de ce qui se passerait en moi s'il m'était prouvé que l'homme de cette nuit c'est Rodolfo! O mon Dieu, préservez-moi d'un accès de rage! O Rodolfo! Catarina! Oh! si cela était, qu'est-ce que je ferais? Vraiment! Qu'est-ce que je ferais? Qui ferais-je mourir? eux ou moi? Je ne sais!

Rentre Angelo.

SCÈNE III.

LA TISBE, ANGELO.

LA TISBE.

Vous m'avez fait appeler, monseigneur?

ANGELO.

Oui, Tisbe. J'ai à vous parler. J'ai tout à fait à vous parler. De choses assez graves. Je vous le disais, dans ma vie, chaque jour un piége, chaque jour une trahison, chaque jour un coup de poignard à recevoir ou un coup de hache à donner. En deux mots, voilà : ma femme a un amant.

LA TISBE.

Qui s'appelle?....

ANGELO.

Qui était chez elle cette nuit quand nous y étions.

LA TISBE.

Qui s'appelle?

ANGELO.

Voici comment la chose s'est découverte : Un homme, un espion du conseil des Dix... — Il faut vous dire que les espions du conseil des Dix sont vis-à-vis de nous autres podestas de terre-ferme dans une position singulière. Le conseil leur défend sur leur tête de nous écrire, de nous parler, d'avoir avec nous quelque rapport que ce soit jusqu'au jour où ils sont chargés de nous arrêter. — Un de ces espions donc a été trouvé poignardé ce matin au bord de l'eau, près du pont Altina. Ce sont les deux guetteurs de nuit qui l'ont relevé. Était-ce un duel? un guet-apens? On ne sait. Ce sbire n'a pu prononcer que quelques mots. Il se mourait. Le malheur est qu'il soit mort! Au moment où il a été frappé, il a eu, à ce qu'il paraît, la présence d'esprit de conserver sur lui une lettre qu'il venait sans doute d'intercepter et qu'il a remise pour moi aux guetteurs de nuit. Cette lettre m'a été apportée en effet par ces deux hommes. C'est une lettre écrite à ma femme par un amant.

LA TISBE.

Qui s'appelle?...

ANGELO.

La lettre n'est pas signée. Vous me demandez le nom de l'amant? C'est justement ce qui m'embarrasse. L'homme assassiné a bien dit ce nom aux deux guetteurs de nuit. Mais, les imbéciles! ils l'ont oublié. Ils ne peuvent se le rappeler. Ils ne sont pas d'accord en rien sur ce nom. L'un dit Roderigo, l'autre Pandolfo!

LA TISBE.

Et la lettre, l'avez-vous là?

ANGELO, *fouillant dans sa poitrine.*

Oui, je l'ai sur moi. C'est justement pour vous la montrer que je vous ai fait venir. Si par hasard vous en connaissiez l'écriture, vous me le diriez.

Il tire la lettre.

— La voilà.

LA TISBE.

Donnez.

ANGELO, *froissant la lettre dans ses mains.*

Mais je suis dans une anxiété affreuse, Tisbe! Il y a un homme qui a osé! — qui a osé lever les yeux sur la femme d'un Malipieri! Il y a un homme qui a osé faire une tache au livre d'or de Venise à la plus belle page, à l'endroit où est mon nom! ce nom-là! Malipieri! Il y a un homme qui était cette nuit dans cette chambre, qui a marché à la place où je suis peut-être! Il y a un misérable homme qui a écrit la lettre que voici, et je ne saisirai pas cet homme! et je ne clouerai pas ma vengeance sur mon affront! et cet homme, je ne lui ferai pas verser une mare de sang sur ce plancher-ci, tenez ! Oh ! pour savoir qui a écrit cette lettre, je donnerais l'épée de mon père, et dix ans de ma vie, et ma main droite, madame !

LA TISBE.

Mais montrez-la-moi, cette lettre.

ANGELO, *la lui laissant prendre.*

Voyez.

LA TISBE. — *Elle déploie la lettre et y jette un coup d'œil.*

A part.

C'est Rodolfo !

ANGELO.

Est-ce que vous connaissez cette écriture ?

LA TISBE.

Laissez-moi donc lire.

Elle lit.

— « Catarina, ma pauvre bien aimée, tu vois
» bien que Dieu nous protége. C'est un miracle
» qui nous a sauvés cette nuit de ton mari et de
» cette femme... ».

A part.

— Cette femme !

Elle continue à lire.

— « Je t'aime, ma Catarina. Tu es la seule
» femme que j'ai aimée. Ne crains rien pour
» moi, je suis en sûreté. »

ANGELO.

Hé bien, connaissez-vous l'écriture ?

LA TISBE, *lui rendant la lettre.*

Non, monseigneur.

ANGELO.

Non, n'est-ce pas ? Et que dites-vous de la lettre ? Ce ne peut être un homme qui soit depuis peu à Padoue. C'est le langage d'un ancien amour. Oh ! je vais fouiller toute la ville ! il faudra bien que je trouve cet homme ! Que me conseillez-vous, Tisbe ?

LA TISBE.

Cherchez.

ANGELO.

J'ai donné l'ordre que personne ne pût entrer aujourd'hui librement dans le palais, hors vous et votre frère, dont vous pourriez avoir besoin. Que tout autre fût arrêté et amené devant moi. J'interrogerai moi-même. En attendant, j'ai une moitié de ma vengeance sous la main, je vais toujours la prendre.

LA TISBE.

Quoi ?

ANGELO.

Faire mourir la femme.

LA TISBE.

Votre femme !

ANGELO.

Tout est prêt. Avant qu'il soit une heure, Catarina Bragadini sera décapitée comme il convient.

LA TISBE.

Décapitée !

ANGELO.

Dans cette chambre.

LA TISBE.

Dans cette chambre !

ANGELO.

Écoutez. Mon lit souillé se change en tombe. Cette femme doit mourir. Je l'ai décidé. Je l'ai décidé trop froidement pour qu'il y ait quelque chose à faire à cela. La prière n'aurait aucune colère à éteindre en moi. Mon meilleur ami, si j'avais un ami, intercéderait pour elle, que je prendrais en défiance mon meilleur ami. Voilà tout. Causons-en si vous voulez. D'ailleurs, Tisbe, je la hais, cette femme ! Une femme à laquelle je me suis laissé marier pour des raisons de famille, parce que mes affaires s'étaient dérangées dans les ambassades, pour complaire à mon oncle l'évêque de Castello ! une femme qui a toujours eu le visage triste et l'air opprimé devant moi ! qui ne m'a jamais donné d'enfants ! Et puis, voyez-vous, la haine, c'est dans notre sang, dans notre famille, dans nos traditions. Il faut toujours qu'un Malipieri haïsse quelqu'un. Le jour où le lion de Saint-Marc s'envolera de sa colonne, la haine ouvrira ses ailes de bronze et s'envolera du cœur des Malipieri. Mon aïeul haïssait le marquis Azzo, et il l'a fait noyer la nuit dans les puits de Venise. Mon père haïssait le procurateur Badoër, et il l'a fait empoisonner à un régal de la reine Cornaro. Moi, c'est cette femme que je hais. Je ne lui aurais pas fait de mal. Mais elle est coupable. Tant pis pour elle. Elle sera punie. Je ne vaux pas mieux qu'elle, c'est possible, mais il faut qu'elle meure. C'est une nécessité. Une résolution prise. Je vous dis que cette femme mourra. La grâce de cette femme ! les os de ma mère me parleraient pour elle, madame, qu'ils ne l'obtiendraient pas !

LA TISBE.

Est-ce que la sérénissime seigneurie de Venise vous permet ?...

ANGELO.

Rien pour pardonner. Tout pour punir.

LA TISBE.

Mais la famille Bragadini, la famille de votre femme ?...

ANGELO.

Me remerciera.

LA TISBE.

Votre résolution est prise, dites-vous. Elle mourra. C'est bien. Je vous approuve. Mais puisque tout est secret encore, puisqu'aucun nom n'a été prononcé, ne pourriez-vous épargner à elle un supplice, à ce palais une tache de sang, à vous la note publique et le bruit ? Le bourreau est un témoin. Un témoin est de trop.

ANGELO.

Oui. Le poison vaudrait mieux. Mais il faudrait un poison rapide, et, vous ne me croirez pas, je n'en ai pas ici.

LA TISBE.

J'en ai, moi.

ANGELO.

Où ?

2.

LA TISBE.

Chez moi.

ANGELO.

Quel poison?

LA TISBE.

Le poison Malaspina. Vous savez? cette boîte que m'a envoyée le primicier de Saint-Marc.

ANGELO.

Oui, vous m'en avez déjà parlé. C'est un poison sûr et prompt. Eh bien, vous avez raison. Que tout se passe entre nous. Cela vaut mieux. Écoutez, Tisbe. J'ai toute confiance en vous. Vous comprenez que ce que je suis forcé de faire est légitime. C'est mon honneur que je venge, et tout homme agirait de même à ma place. Eh bien! c'est une chose sombre et difficile que celle où je suis engagé. Je n'ai ici d'autre ami que vous. Je ne puis me fier qu'à vous. La prompte exécution, le secret sont dans l'intérêt de cette femme comme dans le mien. Assistez-moi. J'ai besoin de vous. Je vous le demande. Y consentez-vous?

LA TISBE.

Oui.

ANGELO.

Que cette femme disparaisse sans qu'on sache comment, sans qu'on sache pourquoi. Une fosse se creuse, un service se chante, mais personne ne sait pour qui. Je ferai enlever le corps par ces deux mêmes hommes, les guetteurs de nuit, que je garde sous clef. Vous avez raison, mettons de l'ombre sur tout ceci. Envoyez chercher ce poison.

LA TISBE.

Je sais seule où il est. J'y vais aller moi-même.

ANGELO.

Allez, je vous attends.

Sort la Tisbe.

— Oui, c'est mieux. Il y a eu des ténèbres sur le crime, qu'il y en ait sur le châtiment.

La porte de l'oratoire s'ouvre; l'archiprêtre en sort les yeux baissés et les bras en croix sur la poitrine. Il traverse lentement la chambre. Au moment où il va sortir par la porte du fond, Angelo se tourne vers lui.

Est-elle prête?

L'ARCHIPRÊTRE.

Oui, monseigneur.

Il sort. Catarina paraît sur le seuil de l'oratoire.

SCÈNE IV.

ANGELO, CATARINA.

CATARINA.

Prête à quoi?

ANGELO.

A mourir.

CATARINA.

Mourir! C'est donc vrai! c'est donc possible! Oh! je ne puis me faire à cette idée-là! Mourir!

Non, je ne suis pas prête. Je ne suis pas prête. Je ne suis pas prête du tout, monsieur!

ANGELO.

Combien de temps vous faut-il pour vous préparer?

CATARINA.

Oh! je ne sais pas, beaucoup de temps!

ANGELO.

Allez-vous manquer de courage, madame?

CATARINA.

Mourir tout de suite comme cela! Mais je n'ai rien fait qui mérite la mort, je le sais bien! moi! Monsieur, monsieur! encore un jour! Non! pas un jour! je sens que je n'aurais pas plus de courage demain. Mais la vie! Laissez-moi la vie! Un cloître! Là, dites, est-ce que c'est vraiment impossible que vous me laissiez la vie?

ANGELO.

Si. Je puis vous la laisser, je vous l'ai déjà dit, à une condition.

CATARINA.

Laquelle? Je ne m'en souviens plus.

ANGELO.

Qui a écrit cette lettre? dites-le-moi. Nommez-moi l'homme! Livrez-moi l'homme!

CATARINA, *se tordant les mains.*

Mon Dieu!

ANGELO.

Si vous me livrez cet homme, vous vivrez. L'échafaud pour lui, le couvent pour vous, cela suffira. Décidez-vous.

CATARINA.

Mon Dieu!

ANGELO.

Eh bien! vous ne me répondez pas?

CATARINA.

Si. Je vous réponds : mon Dieu!

ANGELO.

Oh! décidez-vous, madame.

CATARINA.

J'ai eu froid dans cet oratoire. J'ai bien froid.

ANGELO.

Écoutez. Je veux être bon pour vous, madame. Vous avez devant vous une heure. Une heure qui est encore à vous, pendant laquelle je vais vous laisser seule. Personne n'entrera ici. Employez cette heure à réfléchir. Je mets la lettre sur la table. Écrivez au bas le nom de l'homme, et vous êtes sauvée. Catarina Bragadini! c'est une bouche de marbre qui vous parle, il faut livrer cet homme, ou mourir. Choisissez. Vous avez une heure.

CATARINA.

Oh! un jour!

ANGELO.

Une heure.

Il sort.

SCÈNE V.

CATARINA, *restée seule.*

Cette porte...
Elle va à la porte.
— Oh! je l'entends qui la referme au verrou!
Elle va à la fenêtre.
— Cette fenêtre...
Elle regarde.
— Oh! que c'est haut!
Elle tombe sur un fauteuil.
— Mourir! Oh mon Dieu! c'est une idée qui est bien terrible quand elle vient vous saisir ainsi tout à coup au moment où l'on ne s'y attend pas! N'avoir plus qu'une heure à vivre, et, se dire : Je n'ai plus qu'une heure! Oh! il faut que ces choses-là vous arrivent à vous-même pour savoir jusqu'à quel point c'est horrible! J'ai les membres brisés. Je suis mal sur ce fauteuil.
Elle se lève.
— Mon lit me reposerait mieux, je crois. Si je pouvais avoir un instant de trêve!
Elle va à son lit.
— Un instant de repos!
Elle tire le rideau et recule avec terreur. A la place du lit il y a un billot couvert d'un drap noir et une hache.
— Ciel! qu'est-ce que je vois là? Oh! c'est épouvantable!
Elle referme le rideau avec un mouvement convulsif.
— Oh! je ne veux plus voir cela! Oh mon Dieu! c'est pour moi, cela! Oh mon Dieu! je suis seule avec cela ici!
Elle se traîne jusqu'au fauteuil.
— Derrière moi! c'est derrière moi! Oh! je n'ose plus tourner la tête! Grâce! Grâce! Ah! vous voyez bien que ce n'est pas un rêve, et que c'est bien réel ce qui se passe ici, puisque voilà des choses là derrière le rideau!
La petite porte du fond s'ouvre. On voit paraître Rodolfo.

SCÈNE VI.

CATARINA, RODOLFO.

CATARINA, *à part.*
Ciel! Rodolfo!

RODOLFO, *accourant.*
Oui, Catarina! c'est moi. Moi pour un instant. Tu es bonheur!... — Eh bien! tu es toute pâle? Tu as l'air troublé?

CATARINA.
Je le crois bien. Les imprudences que vous faites. Venir ici en plein jour à présent!

RODOLFO.
Ah! c'est que j'étais trop inquiet. Je n'ai pas pu y tenir.

CATARINA.
Inquiet de quoi?

RODOLFO.
Je vais vous dire, ma Catarina bien-aimée... — Ah! vraiment, je suis bien heureux de vous trouver ici aussi tranquille!

CATARINA.
Comment êtes-vous entré?

RODOLFO.
La clef que tu m'as remise toi-même.

CATARINA.
Je sais bien, mais dans le palais?

RODOLFO.
Ah! voilà précisément une des choses qui m'inquiètent. Je suis entré aisément, mais je ne sortirai pas de même.

CATARINA.
Comment?

RODOLFO.
Le capitaine-grand m'a prévenu à la porte du palais que personne n'en sortirait avant la nuit.

CATARINA.
Personne avant la nuit!
A part.
— Pas d'évasion possible! O Dieu!

RODOLFO.
Il y a des sbires en travers de tous les passages. Le palais est gardé comme une prison. J'ai réussi à me glisser dans la grande galerie, et je suis venu. Vraiment! tu me jures qu'il ne se passe rien ici?

CATARINA.
Non. Rien. Rien, sois tranquille, mon Rodolfo. Tout est comme à l'ordinaire ici. Regarde. Tu vois bien qu'il n'y a rien de dérangé dans cette chambre. Mais va-t'en vite. Je tremble que le podesta ne rentre.

RODOLFO.
Non, Catarina, ne crains rien de ce côté. Le podesta est en ce moment sur le pont Molino, là en bas. Il interroge des gens qu'on vient d'arrêter. Oh! j'étais inquiet, Catarina! Tout a un air étrange aujourd'hui, la ville comme le palais. Des bandes d'archers et de cernides vénitiens parcourent les rues. L'église Saint-Antoine est tendue de noir, et l'on y chante l'office des morts. Pour qui? On l'ignore. Le savez-vous?

CATARINA.
Non.

RODOLFO.
Je n'ai pu pénétrer dans l'église. La ville est frappée de stupeur. Tout le monde parle bas. Il se passe à coup sûr une chose terrible quelque part. Où? Je ne sais. Ce n'est pas ici, c'est tout ce qu'il me faut. Pauvre amie, tu ne doutes pas de tout cela dans ta solitude!

CATARINA.
Non.

RODOLFO.
Que nous importe au reste! Dis, es-tu remise

de l'émotion de cette nuit? Oh! quel événement! Je n'y comprends rien encore. Catarina! je t'ai délivrée de ce sbire Homodei. Il ne te fera plus de mal.

CATARINA.

Tu crois?

RODOLFO.

Il est mort. Catarina! tiens, décidément tu as quelque chose! tu as l'air triste! Catarina! tu ne me caches rien? Il ne t'arrive rien au moins? Oh! c'est qu'on aurait ma vie avant la tienne!

CATARINA.

Non, il n'y a rien. Je te jure qu'il n'y a rien. Seulement je te voudrais dehors! Je suis effrayée pour toi.

RODOLFO.

Que faisais-tu quand je suis entré?

CATARINA.

Ah mon Dieu! tranquillisez-vous, mon Rodolfo, je n'étais pas triste, bien au contraire. J'essayais de me rappeler cet air que vous chantez si bien. Tenez, vous voyez, j'ai encore là ma guitare.

RODOLFO.

Je t'ai écrit ce matin. J'ai rencontré Reginella, à qui j'ai remis la lettre. La lettre n'a pas été interceptée? Elle t'est bien arrivée?

CATARINA.

La lettre m'est si bien arrivée que la voilà.

Elle lui présente la lettre.

RODOLFO.

Ah! tu l'as! C'est bien. On est toujours inquiet quand on écrit.

CATARINA.

Oh! toutes les issues de ce palais gardées! Personne ne sortira avant la nuit!

RODOLFO.

Personne. Je l'ai déjà dit. C'est l'ordre.

CATARINA.

Allons! maintenant, vous m'avez parlé, vous m'avez vue, vous êtes rassuré, vous voyez que si la ville est en rumeur, tout est tranquille ici, partez, mon Rodolfo, au nom du ciel! Si le podesta entrait! Vite, partez. Puisque tu es obligé de rester dans ce palais jusqu'au soir, voyons, je vais te fermer moi-même ton manteau. Comme cela. Ton chapeau sur la tête. Et puis devant les sbires, aie l'air naturel, à ton aise, pas d'affectation à les éviter, pas de précaution. La précaution dénonce. Et puis, si l'on voulait te faire écrire quelque chose par hasard, un espion, quelqu'un qui te tendrait un piége, trouve un prétexte, n'écris pas!

RODOLFO.

Pourquoi cette recommandation, Catarina?

CATARINA.

Pourquoi? Je ne veux pas qu'on voie de ton écriture, moi. C'est une idée que j'ai! Mon ami, vous savez bien que les femmes ont des idées. Je te remercie d'être venu, d'être entré, d'être resté, j'ai eu la joie de te voir! Là, tu vois bien que je suis tranquille, gaie, contente, que j'ai

ma guitare là et ta lettre; maintenant, va-t'en vite. Je veux que tu t'en ailles. — Encore un mot seulement.

RODOLFO.

Quoi?

CATARINA.

Rodolfo, vous savez que je ne vous ai jamais rien accordé, tu le sais bien, toi!

RODOLFO.

Eh bien?

CATARINA.

Aujourd'hui c'est moi qui vais te demander. Rodolfo! un baiser!

RODOLFO, *la serrant dans ses bras.*

Oh! c'est le ciel!

CATARINA.

Je le vois qui s'ouvre!

RODOLFO.

O bonheur!

CATARINA.

Tu es heureux?

RODOLFO.

Oui!

CATARINA.

A présent sors, mon Rodolfo!

RODOLFO.

Merci!

CATARINA.

Adieu! — Rodolfo!

Rodolpho, qui est à la porte, s'arrête.

— Je t'aime!

Rodolpho sort.

SCÈNE VII.

CATARINA, *seule.*

Fuir avec lui! Oh! j'y ai songé un moment! Oh Dieu! fuir avec lui! impossible. Je l'aurais perdu inutilement. Oh! pourvu qu'il ne lui arrive rien! Pourvu que les sbires ne l'arrêtent pas! Pourvu qu'on le laisse sortir ce soir! Oh oui! il n'y a pas de raison pour que le soupçon tombe sur lui. Sauvez-le, mon Dieu!

Elle va écouter à la porte du corridor.

— J'entends encore son pas. Mon bien-aimé! il s'éloigne. Plus rien. C'est fini. Va en sûreté, mon Rodolfo!

La grande porte s'ouvre.

— Ciel!

Entrent Angelo et la Tisbe.

SCÈNE VIII.

CATARINA, ANGELO, LA TISBE.

CATARINA, *à part.*

Quelle est cette femme? La femme de nuit!

ANGELO.

Avez-vous fait vos réflexions, madame?

CATARINA.

Oui, monsieur.

ANGELO.

Il faut mourir ou me livrer l'homme qui a écrit la lettre. Avez-vous pensé à me livrer cet homme, madame ?

CATARINA.

Je n'y ai pas pensé seulement un instant, monsieur.

LA TISBE, *à part.*

Tu es une bonne et courageuse femme, Catarina !

Angelo fait signe à la Tisbe, qui lui remet une fiole d'argent. Il la pose sur la table.

ANGELO.

Alors vous allez boire ceci ?

CATARINA.

C'est du poison ?

ANGELO.

Oui, madame.

CATARINA.

O mon Dieu ! vous jugerez un jour cet homme. Je vous demande grâce pour lui !

ANGELO.

Madame, le provéditeur Urséolo, un des Bragadini, un de vos pères, a fait périr Marcella Galbaï, sa femme, de la même façon pour le même crime.

CATARINA.

Parlons simplement. Tenez, il n'est pas question des Bragadini, vous êtes infâme. Ainsi vous venez froidement là, avec le poison dans les mains ! Coupable ? Non, je ne le suis pas. Pas comme vous le croyez du moins. Mais je ne descendrai pas à me justifier. Et puis, comme vous mentez toujours, vous ne me croiriez pas. Tenez, vraiment, je vous méprise ! Vous m'avez épousée pour mon argent, parce que j'étais riche, parce que ma famille a un droit sur l'eau des citernes de Venise. Vous avez dit : Cela rapporte cent mille ducats par an, prenons cette fille. Et quelle vie ai-je eue avec vous depuis cinq ans ? dites ! Vous ne m'aimez pas. Vous êtes jaloux cependant. Vous me tenez en prison. Vous, vous avez des maîtresses, cela vous est permis. Tout est permis aux hommes. Toujours dur, toujours sombre avec moi. Jamais une bonne parole. Parlant sans cesse de vos pères, des doges qui ont été de votre famille ; m'humiliant dans la mienne. Si vous croyez que c'est là ce qui rend une femme heureuse ! Oh ! il faut avoir souffert ce que j'ai souffert, pour savoir ce que c'est que le sort des femmes ! Hé bien, oui, monsieur, j'ai aimé avant de vous connaître un homme que j'aime encore. Vous me tuez pour cela ; si vous avez ce droit-là, il faut convenir que c'est un horrible temps que le nôtre. Ah ! vous êtes bien heureux, n'est-ce pas ? d'avoir une lettre, un chiffon de papier, un prétexte ! Fort bien. Vous me jugez, vous me condamnez, et vous m'exécutez ! Dans l'ombre. En secret. Par le poison. Vous avez la force. — C'est lâche !

Se tournant vers la Tisbe.

— Que pensez-vous de cet homme, madame ?

ANGELO.

Prenez garde !...

CATARINA, *à la Tisbe.*

Et vous, qui êtes-vous ? qu'est-ce que vous me voulez ? C'est beau ce que vous faites là ! Vous êtes la maîtresse publique de mon mari, vous avez intérêt à me perdre, vous m'avez fait espionner, vous m'avez prise en faute, et vous me mettez le pied sur la tête. Vous assistez mon mari dans l'abominable chose qu'il fait ! Qui sait même ? c'est peut-être vous qui fournissez le poison !

A Angelo.

— Que pensez-vous de cette femme, monsieur ?

ANGELO.

Madame...

CATARINA.

En vérité, nous sommes tous les trois d'un bien exécrable pays ! C'est une bien odieuse république que celle où un homme peut marcher impunément sur une malheureuse femme, comme vous faites, monsieur ! et où les autres hommes lui disent : Tu fais bien, Foscari a fait mourir sa fille, Loredano sa femme, Bragadini... — Je vous demande un peu si ce n'est pas infâme ! Oui, tout Venise est dans cette chambre en ce moment ! Tout Venise en vos deux personnes ! Rien n'y manque.

Montrant Angelo.

— Venise despote, la voilà.

Montrant la Tisbe.

— Venise courtisane, la voici !

A la Tisbe.

— Si je vais trop loin dans ce que je dis, madame, tant pis pour vous, pourquoi êtes-vous là !

ANGELO, *lui saisissant le bras.*

Allons, madame, finissons-en !

CATARINA.

Elle s'approche de la table où est le flacon.

Allons, je vais accomplir ce que vous voulez,

Elle avance la main vers le flacon.

— puisqu'il le faut...

Elle recule.

— Non ! c'est affreux ! je ne veux pas ! je ne pourrais jamais ! Mais pensez-y donc encore un peu tandis qu'il en est temps. Vous qui êtes tout-puissant, réfléchissez. Une femme, une femme qui est seule, abandonnée, qui n'a pas de force, qui est sans défense, qui n'a pas de parents ici, pas de famille, pas d'amis, qui n'a personne ! l'assassiner ! l'empoisonner misérablement dans un coin de sa maison ! — Ma mère ! Ma mère ! Ma mère !

LA TISBE.

Pauvre femme !

CATARINA.

Vous avez dit pauvre femme, madame ! Vous l'avez dit ! Oh ! je l'ai bien entendu ! Oh ! ne me dites pas que vous ne l'avez pas dit ! Vous avez donc pitié, madame ! Oh oui ! laissez-vous attendrir ! Vous voyez bien qu'on veut m'assassiner ? Est-ce que vous en êtes, vous ? Oh ! ce n'est pas possible. Non, n'est-ce pas ? Tenez, je vais vous expliquer, vous conter la chose à vous. Vous parlerez au podesta après. Vous lui direz que ce qu'il fait là est horrible. Moi, c'est tout simple que je dise cela. Mais vous, cela fera plus d'effet. Il suffit quelquefois d'un mot dit par une personne étrangère pour ramener un homme à la raison. Si je vous ai offensée tout à l'heure, pardonnez-le-moi. Madame, je n'ai jamais rien fait qui fût mal, vraiment mal. Je suis toujours restée honnête. Vous me comprenez, vous, je le vois bien. Mais je ne puis dire cela à mon mari. Les hommes ne veulent jamais nous croire, vous savez ? Cependant nous leur disons quelquefois des choses bien vraies. Madame ! ne me dites pas d'avoir du courage, je vous en prie. Est-ce que je suis forcée d'avoir du courage, moi ? Je n'ai pas honte de n'être qu'une femme bien faible et dont il faudrait avoir pitié. Je pleure parce que la mort me fait peur. Ce n'est pas ma faute.

ANGELO.

Madame, je ne puis attendre plus long-temps.

CATARINA.

Ah ! vous m'interrompez.

A la Tisbe.

— Vous voyez bien qu'il m'interrompt. Ce n'est pas juste. Il a vu que je vous disais des choses qui allaient vous émouvoir. Alors il m'empêche d'achever. Il me coupe la parole.

A Angelo.

— Vous êtes un monstre !

ANGELO.

C'en est trop. Catarina Bragadini, le crime fait veut un châtiment, la fosse ouverte veut un cercueil, le mari outragé veut une femme morte. Tu perds toutes les paroles qui sortent de ta bouche, j'en jure par Dieu qui est au ciel !

Montrant le poison.

— Voulez-vous, madame ?

CATARINA.

Non !

ANGELO.

Non ? — J'en reviens à ma première idée alors. Les épées ! les épées ! Troïlo ! Qu'on aille me chercher... J'y vais !

Il sort violemment par la porte du fond, qu'on l'entend refermer en dehors.

SCÈNE IX.

CATARINA, LA TISBE.

LA TISBE.

Écoutez ! Vite ! nous n'avons qu'un instant. Puisque c'est vous qu'il aime, ce n'est plus qu'à vous qu'il faut songer. Faites ce qu'on veut. Ou vous êtes perdue ! Je ne puis pas m'expliquer plus clairement. Vous n'êtes pas raisonnable. Tout à l'heure il m'est échappé de dire : Pauvre femme ! Vous l'avez répété tout haut comme une folle, devant le podesta, à qui cela pouvait donner des soupçons ! Si je vous disais la chose, vous êtes dans un état trop violent, vous feriez quelque imprudence, et tout serait perdu. Laissez-vous faire ! Buvez. Les épées ne pardonnent pas, voyez-vous. Ne résistez plus. Que voulez-vous que je vous dise ? C'est vous qui êtes aimée, et je veux que quelqu'un m'ait une obligation. Vous ne comprenez pas ce que je vous dis là, hé bien ! de vous le dire, cela m'arrache le cœur pourtant !

CATARINA.

Madame...

LA TISBE.

Faites ce qu'on vous dit. Pas de résistance. Pas une parole. Surtout n'ébranlez pas la confiance que votre mari a en moi. Entendez-vous ? Je n'ose vous en dire plus avec votre manie de tout redire ! Oui, il y a dans cette chambre une pauvre femme qui doit mourir, mais ce n'est pas vous. Est-ce dit ?

CATARINA.

Je ferai ce que vous voulez, madame.

LA TISBE.

Bien. Je l'entends qui revient !

La Tisbe se jette sur la porte du fond au moment où elle s'ouvre.

— Seul ! Seul ! Entrez seul !

On entrevoit des sbires l'épée nue dans la chambre voisine. Angelo entre. La porte se referme.

SCÈNE X.

CATARINA, LA TISBE, ANGELO.

LA TISBE.

Elle se résigne au poison.

ANGELO à Catarina.

Alors, tout de suite, madame.

CATARINA, prenant la fiole.

A la Tisbe.

Je sais que vous êtes la maîtresse de mon mari. Si votre pensée secrète était une pensée de trahison, le besoin de me perdre, l'ambition de prendre ma place que vous auriez tort d'envier, ce serait une action abominable, madame ; et, quoiqu'il soit dur de mourir à vingt-deux ans, j'aimerais encore mieux ce que je fais que ce que vous faites.

Elle boit.

LA TISBE, à part.

Que de paroles inutiles, mon Dieu !

ANGELO, allant à la porte du fond qu'il entr'ouvre.

Allez-vous-en !

CATARINA.

Ah ! ce breuvage me glace le sang !

Regardant fixement la Tisbe.

— Ah ! madame !

A Angelo.

— Êtes-vous content, monsieur? Je sens bien que je vais mourir. Je ne vous crains plus. Eh bien, je vous le dis maintenant, à vous qui êtes mon démon, comme je le dirai tout à l'heure à mon Dieu, j'ai aimé un homme, mais je suis pure!

ANGELO.

Je ne vous crois pas, madame.

LA TISBE, *à part.*

Je la crois, moi!

CATARINA.

Je me sens défaillir... Non. Pas ce fauteuil-là. Ne me touchez point. Je vous l'ai déjà dit, vous êtes un homme infâme!

Elle se dirige en chancelant vers son oratoire.

— Je veux mourir à genoux. Devant l'autel qui est là. Mourir seule. En repos. Sans avoir vos deux regards sur moi.

Arrivée à la porte, elle s'appuie sur le rebord.

— Je veux mourir en priant Dieu.

A Angelo.

— Pour vous, monsieur.

Elle entre dans l'oratoire.

ANGELO.

Troïlo!

Entre l'huissier.

— Prends dans mon aumônière la clef de ma salle secrète. Dans cette salle, tu trouveras deux hommes. Amène-les-moi. Sans leur dire un mot.

L'huissier sort.

A la Tisbe.

— Il faut maintenant que j'aille interroger les hommes arrêtés. Quand j'aurai parlé aux deux guetteurs de nuit, Tisbe, je vous confierai le soin de veiller sur ce qui reste à faire. Le secret, surtout!

Entrent les deux guetteurs de nuit introduits par l'huissier, qui se retire.

SCÈNE XI.

ANGELO, LA TISBE, LES DEUX GUETTEURS DE NUIT.

ANGELO, *aux deux guetteurs de nuit.*

Vous avez été souvent employés aux exécutions de nuit dans ce palais. Vous connaissez la cave où sont les tombes?

L'UN DES GUETTEURS DE NUIT.

Oui, monseigneur.

ANGELO.

Y a-t-il des passages tellement cachés qu'aujourd'hui, par exemple, que ce palais est plein de soldats, vous puissiez descendre dans ce caveau, y entrer et puis sortir du palais sans être vus de personne?

LE GUETTEUR DE NUIT.

Nous entrerons et nous sortirons sans être vus de personne, monseigneur.

ANGELO.

C'est bien.

Il entr'ouvre la porte de l'oratoire.

Aux deux guetteurs.

— Il y a là une femme qui est morte. Vous allez descendre cette femme secrètement dans le caveau. Vous trouverez dans ce caveau une dalle du pavé qu'on a déplacée et une fosse qu'on a creusée. Vous mettrez la femme dans la fosse et puis la dalle à sa place. Vous entendez?

LE GUETTEUR DE NUIT.

Oui, monseigneur.

ANGELO.

Vous êtes forcés de passer par mon appartement. Je vais en faire sortir tout le monde.

A la Tisbe.

— Veillez à ce que tout se fasse en secret.

Il sort.

LA TISBE, *tirant une bourse de son aumônière.*

Aux deux hommes.

— Deux cents sequins d'or dans cette bourse. Pour vous! et demain matin le double, si vous faites bien tout ce que je vais vous dire.

LE GUETTEUR DE NUIT, *prenant la bourse.*

Marché conclu, madame. Où faut-il aller?

LA TISBE.

Au caveau d'abord.

DEUXIÈME PARTIE.

Une chambre de nuit. Au fond, une alcôve à rideaux avec un lit. De chaque côté de l'alcôve, une porte; celle de droite est masquée dans la tenture. Tables, meubles, fauteuils, sur lesquels sont épars des masques, des éventails, des écrins à demi ouverts, des costumes de théâtre.

SCÈNE I.

LA TISBE, LES DEUX GUETTEURS DE NUIT, UN PAGE NOIR; CATARINA, *enveloppée d'un linceul, est posée sur le lit; on distingue sur sa poitrine le crucifix de cuivre.*

La Tisbe prend un miroir et découvre le visage pâle de Catarina.

LA TISBE, *au page noir.*

Approche avec ton flambeau.

Elle place le miroir devant les lèvres de Catarina.

— Je suis tranquille !

Elle referme les rideaux de l'alcôve.

Aux deux guetteurs de nuit.

— Vous êtes sûrs que personne ne nous a vus dans le trajet du palais ici ?

UN DES GUETTEURS DE NUIT.

La nuit est très-noire. La ville est déserte à cette heure. Vous savez bien que nous n'avons rencontré personne, madame. Vous nous avez vus mettre le cercueil dans la fosse et le recouvrir avec la dalle. Ne craignez rien. Nous ne savons pas si cette femme est morte, mais ce qui est certain, c'est que pour le monde entier elle est scellée dans la tombe. Vous pouvez en faire ce que vous voudrez.

LA TISBE.

C'est bien.

Au page noir.

— Où sont les habits d'homme que je t'ai dit de tenir prêts ?

LE PAGE NOIR, *montrant un paquet dans l'ombre.*

Les voici, madame.

LA TISBE.

Et les deux chevaux que je t'ai demandés, sont-ils dans la cour ?

LE PAGE NOIR.

Sellés et bridés.

LA TISBE.

De bons chevaux ?

LE PAGE NOIR.

J'en réponds, madame.

LA TISBE.

C'est bien.

Aux guetteurs de nuit.

— Dites-moi, vous, combien faut-il de temps, avec de bons chevaux, pour sortir de l'état de Venise ?

LE GUETTEUR DE NUIT.

C'est selon. Le plus court, c'est d'aller tout de suite à Montebacco qui est au pape. Il faut trois heures. Beau chemin.

LA TISBE.

Cela suffit. Allez maintenant. Le silence sur tout ceci ! et revenez demain matin chercher la récompense promise.

Les deux guetteurs de nuit sortent.

Au page noir.

— Toi, va fermer la porte de la maison. Sous quelque prétexte que ce soit, ne laisse entrer personne.

LE PAGE NOIR.

Le seigneur Rodolfo a son entrée particulière, madame. Faut-il la fermer aussi ?

LA TISBE.

Non, laisse-la libre. S'il vient, qu'il entre. Mais lui seul, et personne autre. Aie soin que qui que ce soit au monde ne puisse pénétrer ici, surtout si Rodolfo venait. Toi-même, fais attention à n'entrer que si je t'appelle. A présent laisse-moi.

Sort le page noir.

SCÈNE II.

LA TISBE; CATARINA, *dans l'alcôve.*

LA TISBE.

Je pense qu'il n'y a plus très-long-temps à attendre. — Elle ne voulait pas mourir. Je le comprends, quand on sait qu'on est aimée ! — Mais autrement, plutôt que de vivre sans son amour,

Se tournant vers le lit.

— oh ! tu serais morte avec joie, n'est-ce pas ? — Ma tête brûle. Voilà pourtant trois nuits que je ne dors pas. Avant-hier, cette fête; hier, ce rendez-vous où je les ai surpris; aujourd'hui... — Oh ! la nuit prochaine, je dormirai !

Elle jette un coup d'œil sur les toilettes de théâtre éparses autour d'elle.

— Oh oui ! nous sommes bien heureuses nous autres ! On nous applaudit au théâtre. Que vous avez bien joué la Rosmonda, madame ! Les imbéciles ! Oui, on nous admire, on nous trouve belles, on nous couvre de fleurs, mais le cœur saigne dessous. Oh! Rodolfo! Rodolfo! Croire à son amour, c'était une idée nécessaire à ma vie! Dans le temps où j'y croyais, j'ai souvent pensé que si je mourais je voudrais mourir près de lui, mourir de telle façon qu'il lui fût impossible d'arracher ensuite mon souvenir de son âme, que mon ombre restât à jamais à côté de lui, entre toutes les autres femmes et lui! Oh! la mort, ce n'est rien. L'oubli, c'est tout. Je ne veux pas qu'il m'oublie. Hélas! voilà donc où j'en suis venue! Voilà où je suis tombée! Voilà ce que le monde a fait pour moi! Voilà ce que l'amour a fait de moi!

Elle va au lit, écarte les rideaux, fixe quelques instants son regard sur Catarina immobile, et prend le crucifix.

— Oh! si ce crucifix a porté bonheur à quelqu'un dans ce monde, ce n'est pas à votre fille, ma mère!

Elle pose le crucifix sur la table. La petite porte masquée s'ouvre. Entre Rodolfo.

SCÈNE III.

LA TISBE, RODOLFO, CATARINA, *toujours dans l'alcôve fermée.*

LA TISBE.

C'est vous, Rodolfo! Ah! tant mieux! j'ai à vous parler justement! Écoutez-moi.

RODOLFO.

Et moi aussi j'ai à vous parler, et c'est vous qui allez m'écouter, madame!

LA TISBE.

Rodolfo!...

RODOLFO.

Êtes-vous seule, madame?

LA TISBE.

Seule.

RODOLFO.

Donnez l'ordre que personne n'entre.

LA TISBE.

Il est déjà donné.

RODOLFO.

Permettez-moi de fermer ces deux portes.

Il va fermer les deux portes au verrou.

LA TISBE.

J'attends ce que vous avez à me dire.

RODOLFO.

D'où venez-vous? De quoi êtes-vous pâle? Qu'avez-vous fait aujourd'hui, dites? Qu'est-ce que ces mains-là ont fait, dites? Où avez-vous passé les exécrables heures de cette journée, dites? Non, ne le dites pas. Je vais le dire. Ne répondez pas, ne niez pas, n'inventez pas, ne mentez pas. Je sais tout! Je sais tout, vous dis-je! Vous voyez bien que je sais tout, madame! il y avait là Dafne. A deux pas de vous. Séparée seulement par une porte. Dans l'oratoire. Il y avait Dafne qui a tout vu, qui a tout entendu, qui était là à côté, tout près, qui entendait, qui voyait! — Tenez, voilà des paroles que vous avez prononcées. Le podesta disait : Je n'ai pas de poison ; vous avez dit : J'en ai, moi! — J'en ai, moi! j'en ai, moi! L'avez-vous dit, oui ou non? Mentez un peu, voyons! Ah! vous avez du poison, vous! Eh bien! moi, j'ai un couteau!

Il tire un poignard de sa poitrine.

LA TISBE.

Rodolfo...

RODOLFO.

Vous avez un quart d'heure pour vous préparer à la mort, madame!

LA TISBE.

Ah! vous me tuez! Ah! c'est la première idée qui vous vient? Vous voulez me tuer, ainsi, vous-même, tout de suite sans plus attendre, sans être bien sûr? Vous pouvez prendre une résolution pareille aussi facilement? Vous ne tenez pas à moi plus que cela? Vous me tuez pour l'amour d'une autre! O Rodolfo, c'est donc bien vrai, dites-le-moi de votre bouche, vous ne m'avez donc jamais aimée?

RODOLFO.

Jamais!

LA TISBE.

Eh bien! c'est ce mot-là qui me tue, malheureux! ton poignard ne fera que m'achever.

RODOLFO.

De l'amour pour vous, moi! Non, je n'en ai pas! je n'en ai jamais eu! Je puis m'en vanter, Dieu merci! De la pitié, tout au plus!

LA TISBE.

Ingrat! Et, encore un mot, dis-moi, elle! tu l'aimais donc bien?

RODOLFO.

Elle! si je l'aimais! elle! Oh! écoutez cela puisque c'est votre supplice, malheureuse. Si je l'aimais! une chose pure, sainte, chaste, sacrée, une femme qui est un autel, ma vie, mon sang, mon trésor, ma consolation, ma pensée, la lumière de mes yeux, voilà comme je l'aimais!

LA TISBE.

Alors, j'ai bien fait.

RODOLFO.

Vous avez bien fait?

LA TISBE.

Oui. J'ai bien fait. Es-tu sûr seulement de ce que j'ai fait?

RODOLFO.

Je ne suis pas sûr, dites-vous! Voilà la seconde fois que vous le dites. Mais il y avait là Dafne, je vous répète qu'il y avait là Dafne, et ce qu'elle m'a dit, je l'ai encore dans l'oreille. — Monsieur, monsieur! ils n'étaient qu'eux trois dans cette chambre, elle, le podesta, et une autre femme, une horrible femme que le podesta appelait Tisbe. Monsieur, deux grandes heures, deux heures d'agonie et de pitié, monsieur, ils l'ont tenue là, la malheureuse, pleurant, priant, suppliant, demandant grâce, demandant la vie. — Tu demandais la vie, ma Catarina bien aimée! — à genoux, les mains jointes, se traînant à leurs pieds, et ils disaient non! Et le poison, c'est la femme Tisbe qui l'a été chercher! et c'est elle qui a forcé madame de le boire! Et le pauvre corps mort, monsieur, c'est elle qui l'a emporté, cette femme, ce monstre, la Tisbe! — Où l'avez-vous mis, madame! — Voilà ce qu'elle a fait, la Tisbe! Si j'en suis sûr!

Tirant un mouchoir de sa poitrine.

— Ce mouchoir que j'ai trouvé chez Catarina, à qui est-il? A vous.

Montrant le crucifix.

— Ce crucifix que je trouve chez vous, à qui est-il? à elle! — Si j'en suis sûr! Allons, priez, pleurez, criez, demandez grâce, faites promptement ce que vous avez à faire, et finissons!

LA TISBE.

Rodolfo...

RODOLFO.

Qu'avez-vous à dire pour vous justifier? Vite. Parlez vite. Tout de suite.

LA TISBE.

Rien, Rodolfo. Tout ce qu'on t'a dit est vrai. Crois tout. Rodolfo, tu arrives à propos, je voulais mourir. Je cherchais un moyen de mourir près de toi, à tes pieds. Mourir de ta main! oh! c'est plus que je n'aurais osé espérer! Mourir de ta main, oh! je tomberai peut-être dans tes bras. Je te rends grâce. Je suis sûre au moins que tu entendras mes dernières paroles. Mon dernier souffle, quoique tu n'en veuilles pas, tu l'auras. Vois-tu, je n'ai pas du tout besoin de vivre, moi. Tu ne m'aimes pas, tue-moi. C'est la seule chose que tu puisses faire à présent pour moi, mon Rodolfo. Ainsi, tu veux bien te charger de moi. C'est dit. Je te rends grâce.

RODOLFO.

Madame...

LA TISBE.

Je vais te dire. Écoute-moi seulement un instant. J'ai toujours été bien à plaindre, va. Ce ne sont pas là des mots, c'est un pauvre cœur gonflé qui déborde. On n'a pas beaucoup de pitié de nous autres, on a tort. On ne sait pas tout ce que nous avons souvent de vertu, et de courage. Crois-tu que je doive tenir beaucoup à la vie? Songe donc que je mendiais tout enfant, moi. Et puis, à seize ans, je me suis trouvée sans pain. J'ai été ramassée dans la rue par des grands seigneurs. Je suis tombée d'une fange dans l'autre. La faim ou l'orgie! Je sais bien qu'on vous dit: Mourez de faim, mais j'ai bien souffert, va! Oh oui! toute la pitié est pour les grandes dames nobles. Si elles pleurent, on les console. Si elles font mal, on les excuse. Et puis, elles se plaignent! Mais nous, tout est trop bon pour nous. On nous accable. Va, pauvre femme! marche toujours! de quoi te plains-tu? Tous sont contre toi. Eh bien! est-ce que tu n'es pas faite pour souffrir, fille de joie? — Rodolfo, dans ma position, est-ce que tu ne sens pas que j'avais besoin d'un cœur qui comprît le mien? Si je n'ai pas quelqu'un qui m'aime, qu'est-ce que tu veux que je devienne, là, vraiment? Je ne te dis pas cela pour t'attendrir, à quoi bon? Il n'y a plus rien de possible maintenant. Mais je t'aime, moi! Oh! Rodolfo! à quel point cette pauvre fille qui te parle t'a aimé, tu ne le sauras qu'après ma mort! quand je n'y serai plus! Tiens, voilà six mois que je te connais, n'est-ce pas? Six mois que je fais de ton regard ma vie, de ton sourire ma joie, de ton souffle mon âme! Eh bien, juge! depuis six mois je n'ai pas eu un seul instant l'idée, l'idée nécessaire à ma vie, que tu m'aimais. Tu sais que je t'ennuyais toujours de ma jalousie, j'avais mille indices qui me troublaient, maintenant cela m'est expliqué. Je ne t'en veux pas. Ce n'est pas ta faute. Je sais que ta pensée était à cette femme depuis sept ans. Moi, j'étais pour toi une distraction, un passe-temps. C'est tout simple. Je ne t'en veux pas. Mais que veux-tu que je fasse? Aller devant moi comme cela, vivre sans ton amour, je ne le peux pas. Enfin il faut bien respirer. Moi, c'est par toi que je respire! Vois, tu ne m'écoutes seulement pas! Est-ce que cela te fatigue que je te parle? Ah! je suis si malheureuse vraiment que je crois que quelqu'un qui me verrait aurait pitié de moi!

RODOLFO.

Si j'en suis sûr! le podesta est allé chercher quatre sbires, et pendant ce temps-là vous avez dit à elle tout bas des choses terribles qui lui ont fait prendre le poison! Madame! est-ce que vous ne voyez pas que ma raison s'égare? Madame! où est Catarina? Répondez! Est-ce que c'est vrai, madame, que vous l'avez tuée, que vous l'avez empoisonnée? Où est-elle? dites! Où est-elle? Savez-vous que c'est la seule femme que j'aie jamais aimée, madame! la seule, la seule, entendez-vous, la seule!

LA TISBE.

La seule, la seule! Oh! c'est mal de me donner tant de coups de poignard! Par pitié,

Elle lui montre le couteau qu'il tient.

vite le dernier avec ceci.

RODOLFO.

Où est Catarina? la seule que j'aime. Oui, la seule!

LA TISBE.

Ah! tu es sans pitié! tu me brises le cœur! Eh bien oui! je la hais, cette femme! entends-tu, je la hais! Oui, on t'a dit vrai, je me suis vengée, je l'ai empoisonnée, je l'ai tuée!

RODOLFO.

Ah! vous le dites donc! Ah! vous voyez bien que c'est vous qui le dites! Par le ciel! je crois que vous vous en vantez, malheureuse!

LA TISBE.

Oui, et ce que j'ai fait, je le ferais encore! Frappe!

RODOLFO, *terrible.*

Madame!...

LA TISBE.

Je l'ai tuée, te dis-je! Frappe donc!

RODOLFO.

Misérable!

Il la frappe.

LA TISBE. *Elle tombe.*

Ah! au cœur! Tu m'as frappée au cœur! C'est bien. — Mon Rodolfo! ta main!

Elle lui prend la main et la baise.

— Merci ! tu m'as délivrée ! Laisse-la-moi ta main. Je ne veux pas te faire du mal, tu vois bien. Mon Rodolfo bien aimé, tu ne te voyais pas quand tu es entré, mais de la manière dont tu as dit : Vous avez un quart d'heure ! en levant ton couteau, je ne pouvais plus vivre après cela. Maintenant, que je vais mourir, sois bon, dis-moi un mot de pitié. Je crois que tu feras bien.

RODOLFO.

Madame...

LA TISBE.

Un mot de pitié ! Veux-tu ?

On entend une voix sortir de derrière les rideaux de l'alcôve.

CATARINA.

Où suis-je ? Rodolfo !

RODOLFO.

Qu'est-ce que j'entends ? Quelle est cette voix ?

Il se retourne et voit la figure blanche de Catarina qui a entr'ouvert les rideaux.

CATARINA.

Rodolfo !

RODOLFO. *Il court à elle et l'enlève dans ses bras.*

Catarina ! Grand Dieu ! Tu es ici ! Vivante ! Comment cela se fait-il ? Juste Ciel !

Se retournant vers la Tisbe.

— Ah ! qu'ai-je fait ?

LA TISBE, *se traînant vers lui avec un sourire.*

Rien. Tu n'as rien fait. C'est moi qui ai fait tout. Je voulais mourir. J'ai poussé ta main.

RODOLFO.

Catarina ! tu vis, grand Dieu ! par qui as-tu été sauvée ?

LA TISBE.

Par moi, pour toi !

RODOLFO.

Tisbe ! Du secours ! Misérable que je suis !

LA TISBE.

Non. Tout secours est inutile. Je le sens bien. Merci. Ah ! livre-toi à la joie comme si je n'étais pas là. Je ne veux pas te gêner. Je sais bien que tu dois être content. J'ai trompé le podesta. J'ai donné un narcotique au lieu d'un poison. Tout le monde l'a crue morte. Elle n'était qu'endormie. Il y a là des chevaux tout prêts. Des habits d'homme pour elle. Partez tout de suite. En trois heures, vous serez hors de l'état de Venise. Soyez heureux. Elle est déliée. Morte pour le podesta. Vivante pour toi. Trouves-tu cela bien arrangé ainsi ?

RODOLFO.

Catarina !... Tisbe !...

Il tombe à genoux l'œil fixé sur la Tisbe expirante.

LA TISBE, *d'une voix qui va s'éteignant.*

Je vais mourir, moi. Tu penseras à moi quelquefois, n'est-ce pas ? et tu diras : Eh bien, après tout, c'était une bonne fille, cette pauvre Tisbe. Oh ! cela me fera tressaillir dans mon tombeau ! Adieu ! — Madame, permettez-moi de lui dire encore une fois mon Rodolfo ! Adieu, mon Rodolfo ! — Partez vite à présent. Je meurs. Vivez. Je te bénis !

Elle meurt.

FIN.

Paris, imprimé par Plon frères, 36, rue de Vaugirard.

OEUVRES COMPLÈTES
DE VICTOR HUGO,
DE L'ACADÉMIE FRANÇAISE.

NOUVELLE ÉDITION ORNÉE DE 35 MAGNIFIQUES GRAVURES SUR ACIER, EXÉCUTÉES PAR NOS MEILLEURS ARTISTES.

23 VOLUMES IN-8°, SUR PAPIER CARRÉ SUPERFIN SATINÉ, 77 FR.

On peut acheter séparément chaque ouvrage et chaque pièce de théâtre.

POÉSIES, 7 VOLUMES.

ODES ET BALLADES, 2 volumes.	5 »
LES ORIENTALES, 1 volume.	3 »
LES FEUILLES D'AUTOMNE, 1 volume.	3 »
LES CHANTS DU CRÉPUSCULE, 1 volume.	3 »
LES VOIX INTÉRIEURES, 1 volume.	3 »
LES RAYONS ET LES OMBRES, 1 volume.	3 »

ROMANS, 7 VOLUMES.

NOTRE-DAME DE PARIS, 3 volumes.	10 50
HAN D'ISLANDE, 2 volumes.	5 »
BUG-JARGAL, 1 volume.	3 »
LE DERNIER JOUR D'UN CONDAMNÉ, 1 volume.	3 »

THÉATRE, 5 VOLUMES.

	CROMWELL, 2 volumes.	4 »
1 volume.	HERNANI.	2 »
	MARION DE LORME.	2 »
	LE ROI S'AMUSE.	2 »
1 volume.	LUCRÈCE BORGIA.	2 »
	MARIE TUDOR.	2 »
	ANGELO, TYRAN DE PADOUE.	2 »
1 volume.	RUY BLAS.	2 »
	LES BURGRAVES.	2 »

ŒUVRES DIVERSES.

LITTÉRATURE ET PHILOSOPHIE MÊLÉES, 2 volumes.	5 »
LE RHIN, 4 volumes.	20 »

Chez MICHAUD, Libraire, 2, Boulevard Saint-Martin,
ET AU SIÉGE DE LA SOCIÉTÉ, 49, rue M. le Prince.

Paris. — Imprimé par Plon frères, rue de Vaugirard, 36.

www.ingramcontent.com/pod-product-compliance
Lightning Source LLC
Chambersburg PA
CBHW060619050426
42451CB00012B/2334